Won't you join the Dance?

춤동작을 통한 마음치료

트루디 숄 저
류 분 순 옮김

圖書出版 하나醫學社

C·O·N·T·E·N·T·S

역자의 글

이 책은 Trudi Schoop이 정신과 환자들에게 무용동작의 다양한 요소(신체, 호흡, 긴장, 공간, 시간, 리듬)로 접근하여 그들의 분리된 정신과 신체와 마음을 통합 하는 방법들과 실제 과정을 쓴 것이다. 그들 내면의 긴장, 분노, 슬픔, 두려움, 공포, 놀람, 호기심, 기쁨 등등의 감정을 몸으로 표현하는 무용동작 심리 치료인 것이다.

역자는 1990년 초기에 국내에 처음으로 임상 무용치료를 시작하고 알리면서 93년에 투르디의 책을 "무용치료 입문"이라는 제목으로 소개한 바가 있다. 그 후, 절판이 되었고 많은 이들이 투르디의 정신과 방법론을 사랑하여 역자에게 책을 원하는 문의가 많았다.

역자 자신도 투르디의 책을 10년이 지나고, 임상의 경험이 충분히 쌓인 뒤 다시 읽었을 때 각 문장마다 그녀가 바라보는 인간에 대한 깊은 통찰력에 감탄하며 새롭게 이해가 되는 경험을 하게 되었다.

우리의 영혼은 우리의 몸을 통해 말을 한다고 생각한다.

몸의 표현은 근원적인 감정들과 방어기제들 그리고 무의식에서 나오는 기억이나 상징에 대한 심리적 과정들을 보여준다. 인간은 자신이 느끼는 경험과정의 근원으로서 신체 안에서 자기를 알게 된다고 본다. 경험의 근원으로서 자신과 최초에 가장 직접적으로 할 수 있는 접촉은 몸을 통해서이므로 정신에서 일어난 것은 몸에서 반응하고 몸에서 일어난 것은 마음에 동반하는 것이다.

그러므로 개인의 특징적인 움직임은 개개인의 삶의 표현이며 내적 언어이다.

긴장되어 올라간 어깨, 내민 가슴, 굽혀진 등, 양팔을 몸에 붙인 걸음, 목에서 빠져나온 턱, 내려앉은 골반, 움켜진 주먹, 무게감이 전혀 없는 걸음, 멍한 눈, 거친 호흡과 굳은 근육 등 부정적인 감정은 호흡과 근육을 수축시켜 뭉치게 하고 평화와 안정의 감정은 흐르게 하여 이완시켜, 정서적 감정은 몸으로 나타나면서, 우리의 몸은 우리가 의식하지 못하는 많은 것을 알고 있고, 우리의 몸은 끊임없이 말하고 있다.

Trudi Schoop은 1903년 스위스 취리히 출신으로 어릴 때부터 연극과 무용에 매혹되었으나 무용구성에 관한 지식이나 교육을 받지 않았고 스스로 훈련을 하고 의상을 만들고 춤을 만들었다. 또한 리스트나 슈베르트의 음악을 해석하여 나름대로의 의도에 맞추어 축약시켜 16세 때 첫 발표회를 가졌다. 그 당시 유럽의 시대적 상황은 많은 무용가들이 고전형식이나 전통, 모든 것에 반발을 하고 틀을 벗어나 변화했던 시대였다. Isadora Duncan은 자연의 동작을 주장하였고, Laban은 인간표현의 다양함을 공간의 다양한 면으로 표현하였으며, Dalcroze는 음악과 동작의 일치를 시도했고, Mary Wigman은 음악없이 동작을 하여 무용을 독립적인 예술로 만들었다. 20년대 말 베를린에서 Trudi는 정치적인 풍자의 판토마임으로 무대를 채우고 파리의회의 상을 타기도 하였다.

2009년, 트루디의 책을 읽을 때, 살아있는 그 경험들이 오늘의 임상에서 다시 만나게 된다. 그러므로 새롭게 모든 예술 치료사들과 함께 느끼고 싶은 마음이다.

트루디의 책을 위해 여러모로 애써주신 하나의학사 오무근 사장님께 감사의 마음을 드린다.

2009년 3월

역자

서 문

필립 R. A. 메이, 정신의학 박사*

트루디 스쿠프는 탁월한 통찰력과 날카로운 설명, 그리고 자신만의 독특한 문체를 통해 신체적 표현 및 인간의 존재를 묘사하며, 정신분열적 상태에 대한 그녀의 이해와 정신치료법을 소개한다.

1958년에 그녀는 처음으로 나에게 자신의 접근법이 갖고 있는 기본 개념을 설명해 주었는데, 그것은 무척 흥미로웠다. 나는 그 개념이 현대의 다양한 심리학과 많은 부분에서 일치함을 알게 되었고, 결국 신체적 자아와 그것의 정신적 재현인 신체 이미지는 인간관계의 근본적 기초이고, 우리가 현실에 대한 지각을 분별하는 데에 중심적 역할을 한다고 보게 되었다.

오늘날 정신분열증에서 사람들은 자아의 경계선을 자기와 비자기 사이의 관련성, 그리고 자신과 타인에게 좋고 나쁜 것, 본질적인 방해요소 등의 비현실적 개념으로 보고 있다.

나는 트루디의 생각이 심리학적 이론과의 일치하는데 깊은 인상을 받아, 그녀에게 이런 탁월하고 완성된 생각을 어느 유명한 스위스 임상가에게서 얻었는지 기탄없이 물었다.

다시 생각해보면, 그녀는 내가 모든 부분에 빠르게 집중적으로 연구하는 나의 습관을 알기 때문에, 어느 정도 좋은 의도나 적어도

* Philip R. A. May : 캘리포니아주 정신위생법무 신경정신학 연구소 정신병리학 교수 및 LA 캘리포니아 대학 재직. Brentwood Veterans Administration 스탭장.

배우기 위한 준비가 되어 있었음을 인식하였음에 틀림이 없다. 어쨌든 나는 신체의 자세, 몸짓, 동작, 신체이미지의 일치, 비언어적 의사소통, 동일화, 자신의 투사 등 춤의 기본학문에 속한다는 사실을 알게 되었다. 다른 심리학의 연구 이상으로 무용가들이 신체연구를 요구한다는 것도 알게 되었다.

그 당시 나는 '카마릴로' 병원의 주임 의사이자 연구 부장으로 정신분열증 환자의 치료와 이해를 위한 정신역동 심리의 연구와 발전에서 시도되지 않았던, 비언어적 접근인 전도 유망한 것과 만나게 되었다고 생각했고 그래서 나는 가능한 그 연구를 위해 트루디를 데려와야겠다고 결심했다. 그러나 가장 큰 어려움은 트루디의 포섭에 있는 것이 아니라, 정신과 연구시스템원들에게 사실을 인식시키는데 있었다. 정신학 연구는 진지한 연구이지, 예술적인 공상이 아니라는 사실이었다. 그러나 우리 연구시스템은 극도로 전문화되고, 학문적인 실험과 연관된 연구의 특정한 방식의 규칙적인 보조도 목표로 하고 있었다.

아직 실험단계에 있는 새롭고, 임상적으로 파악할 수 없는 아이디어를 개발시키기 위해서는 매우 부단한 노력을 해야 했다. 다행히도 우리는 캘리포니아 정신위생학부의 보조를 받고, 흥미있는 개인들의 도움으로 몇몇 연구의 시도를 할 수 있게 되었다.

우리는 학문적으로 실행된 연구에서, 고도의 정신분열 환자를 다루는 이 무용치료방식이 신체적 접촉을 가능케 하고 심리치료사나 사회치료와 같은 다른 치료방식으로 이끄는 가능성을 제공한다는 사실을 증명할 수 있었다.

우리는 신체를 올바르게 하는 방법과 진정제 약의 사용과의 상호관련성 같은 형식적인 연구를 한 것은 아니다. 그러나 이런 점에서도 매우 확실한 답을 충분히 알고 있다고 생각한다.

정신과 의사에 의해 약이 강도 높게 조제되어진다면, 부작용 떨림, 경직과 감정적인 반응손실을 가져올 수도 있다. 그러한 부작용은 신체상과 자기감정에 대해서만 영향을 끼칠 뿐만 아니라, 환자의 활동범위와 행동력을 제한시킨다. 다른 한편으로 약은 정신병의 정신혼란을 현저하게 감소시키고 의사소통 능력을 증대시킨다. 그래서 협동 작업을 하지 않으려 하고, 할 수 없었던 환자들이 이성적인 관계를 수용할 수 있게 된다.

이 두 가지 치료방법 약물치료와 신체관련은 반대되는 대립이나 경쟁관계에 서 있는 것이 결코 아니다. 오히려 명료한 치료법은 그것들을 함께 결합하고 시간상으로 배열하여 사용하는 방법으로 환자들을 정신병에서 가장 효율적으로 벗어나게 해준다. 따라서 트루디가 하고자 하는 무용치료 방법의 올바른 사용은 약물치료와의 밀접하고 민감한 공동 작업을 요구한다.

약의 복용량은 계속해서 조절되어져야 하고 항상 환자의 변화단계에 맞추어져야 한다. 이상적인 경우에 정신과정과 접촉능력의 방해에 대처하기 위해서 환자는 충분한 약물을 복용하지만 너무 과다 복용하는 경우에는 환자는 졸리고, 경직되거나 반응할 수 없게 된다. 비슷한 방식으로 비언어적인 치료와 언어적 치료는 상호보완하는 가능한 한 동시에 사용되는 방법으로서 상호 배타적이거나 반대 방법으로 보아서는 안 되는 것이다.

신체와 관련된 치료는 언어로 접촉 수용하는 것과 연결될 수 있고 언어적인 심리치료와 병행 될 때 더 효율적으로 이용되어진다.

무엇보다 중요한 사실은 트루디의 도움으로 그녀의 생각을 환자에게 적용하고 다른 치료사에게 가르칠 수 있는 시스템과 확고한 형식을 가진 하나의 방식으로 완성할 수 있었다는 것이다. 그녀가 그녀의 생각과 개인적인 지식으로서, 신체가 나타내는 비언어적 전달의 지식을, 또한 치료방식의 기본개념을 다른 이들이 이 지침을 따라 실험하고 계속 실행해 나가도록 자극하고, 배울 수 있도록 이 책에서 기록했다는 사실은 내게 특별한 기쁨이다. 그것은 무용분야에 문학이 기여한 것처럼, 무용이 정신분열증이란 전문 영역에의 특별한 기여이다.

트루디의 글에서 나를 놀라게 한 것은 한편으로 정신분열증에게 언어적인 과정과 비언어적인 과정사이의 평행적인 관계이고, 다른 한편으로 성과가 좋은 치료를 위한 두 방법에서의 준비이다. 또한 정신분열증 환자에 대한 전문가로서의 치료사의 특성에 관한 나 자신의 생각을 찾아내고, 더 정확하게 형성하는데 큰 도움이 되었다고 확신한다. 또한, 단순히 기술적인 교육이나 경험의 정도, 온정과 이해의 듣기 좋은 틀에 박힌 말보다 내게 더 중요하게 여겨진 것은 매우 깊이 그리고 생생하게 느껴진 감정에 대한 내적, 외적 자유로움의 사랑이다. 이것은 인간의 기본적인 것으로서의 의미로, 인간의 약함에 대조되는 인내심과 성실한 호의, 모든 인간의 고유성에 대한 경의와 자신의 부족함에 대한 여유 있는 태도이다. 치료사는 그의 작업에서 항상 옳을 수는 없다. 치료사들은 환자들을 정신병환자의 경우로 보지 않고, 트루디의 용어를 빌리자면 "매혹적인 이방인"으로 봐야 하며, 또한 치료사들은 의무의 요구를 받아들이고, 환자에게 적합한 환자의 시적인 언어를 이해하려고 노력해야 한다. 환자의 세상에서, 환자의 태도에 서서 세상을 보고, 그가 하는 것처럼 느끼려 해야 한다는 것이다.

정신분열증 환자들을 자신의 개인무대에서 희극, 풍자극, 비극으로 공연하게 한 트루디의 행위는 나로 하여금 내가 알고 있던 재능있는 치료사들 모두가 각자 방식대로 대단한 연극배우였음을 깨닫게 했다. 그들이 그 시설에 들어서면 그들은 무대에 선다는 사실을 정확히 알고 있어야 한다. 치료사의 의무는 환자를 위한 현실을 드라마화하고 단순화시키기 위해, 환자의 개인무대에 입장을 허가받는데 있다. 그리고 환자의 가족과 병원 직원들을 위해서도 그러하다.

치료사는 자기 자신에 대한 하나의 이미지를 주어야 한다. 물론 그 이미지는 자연스럽고, 직접적이고, 인간의 크기 이상이어야 한다. 이런 방식으로 거대한 외향적 대상이 정신분열증 환자의 뜻에 맡겨진다. 환자는 그 대상을 자기 자신과 동일시 할 수 있고, 자기 자신을 그 대상에 반영해 본다. 그것은 항상 위대한 드라마로 상연되지는 않는다. 재능있는 치료사는 종종 희극적 요소를 가지고 그의 해석과 대립을 감소시킨다. 왜냐하면 그는 환자와 그의 주위를 친절하고 재미있고 비위협적으로 만들고자 하기 때문이다. 때때로 치료사는 그의 환자들을 조금 놀라게 하고 쇼크를 주려고 한다. 린다(Linda)가 하나의 계략에 의해 그녀의 얼굴을 그녀 자신의 일부분으로 경험하게 되었을 때, '린다' 가 받은 충격처럼.

트루디의 책은 정신분열증 환자들이 자기 자신을 그대로 보고 수용할 수 있게 하기 위해 춤의 요소들이 어떻게 사용될 수 있는지를 보여준다. 환자는 강요가 없어진 상황에서 자신을 관찰할 수 있고, 선과 악을 스스로 간파하고, 이해하며, 자신의 발전을 자각할 수 있도록 도움을 받는다. 자기 자신의 원래 행동방식으로 회귀하려는 자유를 막지 않고, 변화의 가능성을 보이는 것이다. 그래서 환자가 이해하고 편안한 동작을 할 수 있게 되는 시기에 그는 자발적인 행위를 할 준비가 되는 것이다. 자신의 진실한 자아를 찾고, 자유를 얻고, 그의 기분에 맞게 행동하려고 하고, 자신을 타인에게 알리려는 준비가 된다는 것이다.

트루디가 텍스트에서 비평적인 자세로 "무용"과 "무용가"에 인

용부호를 단 것이 좋다. 그녀에게 "춤"이란 힘이나 능력의 문제가 아니다. 그것은 우리가 이미 알고 있는 무용테크닉의 실행이 아니라, 인간이 자신의 존재를 알리는 신체동작을, 개인적으로 행하는 양식이다. 우리는 일반적인 심리치료에서와 마찬가지로 비언어적 방식에서도 "깊은 고독에 민감하게 들어가야 하는" 힘들고도 지루한 시도를 견딜 참을성을 필요로 한다는 것을 알고 있다. 움직임을 통해 혼돈된 생각을 표현하고, 그 혼돈된 세계로 들어가 현실도피를 드라마화 하였음을 본다.

이 과정은 심리치료 문헌의 전문어와는 대조적으로 생생하게 살아 움직이는 언어로 표현된다. "정신분열증 환자의 환상을 억누르는 대신 우리는 잠시 그와 함께 날아야 하고, 그와 함께 이 땅에 확실히 착륙할 수 있도록 시도해야 한다. 환자는 그의 환상에 형상을 부여함으로써 작품을 만들고, 그러므로 환상과 현실은 하나가 된다." 우리는 환자의 행위를 모방하고 분열과 억지로 꾸민 듯한 태도 등을 모방하고 고의적으로 우습고 거칠게 재현하는 것이 얼마나 가치가 있는지 알아야 한다.

사람들이 정신과 신체, 언어와 비언어를 엄격히 분리하는 것은 잘못된 것이라고 생각한다. 트루디 자신은 "행동하다"와 "행동되어진다"라는 두 단어를 통해 그들의 밀접한 관련을 강조한다. 트루디가 한 달 동안 '마리'와 침묵 속에서 그녀의 길에 동행하는 동안, 다양한 말로 표현될 수 없는 과정의 계속된 교환이 있었다. '마리'가 마침내 말을 했을 때, 그녀에게 말하는 것은 특별한 것으로 여겨지지 않았다. '헨리'에게는 그의 신체에 내려진 명령과 그의 부인에 대한 심리적인 관계가 동일하게 여겨진다. 빗자루의 리듬에서의 차이는 찬성이나 거부의 전이된 표현일지도 모른다.

"정신분열증적 신드롬"에서 '제히 차이스' 부인의 작업에 관해

'레오폴드 벨락' 이 진술한 것과 같이 그녀의 방해받은 혼돈된 성격이 정확하고, 근본적이고 친절하고 주의 깊게 숙고하는 성격으로 회복된 것을 이 세상에 실재하는 수백만 정신분열증 환자에게 모두 실행할 수는 없었으나, 소수에게서 다수를 추론하는 우리에게는 그 사실이 특별한 가치가 있다. 그것은 우리가 병의 후기에서와 마찬가지로 초기에서, 또한 더 많은 환자들에게 사용할 수 있는 치료방법이 되었다.

Won't you join the dance?

광대 트루디

프롤로그

내 어린 시절을 돌이켜 볼 때마다, 끝없는 감사와 행복의 감정이 밀려든다. 우리 가족은 스위스인인데, 취리히의 지식인들에게 존경과 인정을 받았던 아버지, 그리고 자유에 대한 식지 않는 열정을 가진 따뜻하고 정다운 어머니에 의해 그다지 엄격하지 않은 가정이었다. 나의 어머니는 도덕적인 금기에 대한 인지가 없었으며, 관습적인 규칙들을 따르지 않았다. 그녀는 단지 그녀가 옳다고 생각하는 것을 했다. 나의 아버지는 그녀를 끔찍이 사랑했고, 그녀의 내면적 힘과 자유로운 영혼에 경탄했다. 우리 가족에게 자유로운 분위기를 심은 것은 바로 그녀였다. 강하고 호기 있는 남성이었던 아버지는 취리히 신문의 편집자이면서 아름다운 돌더 호텔의 대표이기도 했다. 그런 남성이라면 아마도 취리히 호수에 있는 그 사랑스러운 고대의 도시에서, 그를 향한 기대에 부응될 법한 품위 있는 삶을 살았어야 할지도 모른다. 그러나 그는 그렇게 하지 않았다. 그는 제멋대로인 나의 엄마를 너무 사랑해서, 그녀를 길들이려 하는 대신에 그녀의 들쑥날쑥한 방식과 희망들을 지지해 주었다.

나는 마치 회의용 테이블 같았던 우리의 식탁을 또렷하게 기억한다. 거기에는 거친 토론과 많은 음식들, 그리고 사람이 너무 많아서 가끔 바닥에 앉아야만 했던 나를 비롯한 아이들이 있었다. 어머니와 아버지, 그리고 네 명의 아이들 각자는 거의 항상 한 명

이상씩의 친구들을 데려오곤 했다. 다정하고 마음이 넓으며 언제나 친절한 얼굴을 하고 있었던 우리 요리사 리지가 음식을 해주었고, 프랑스어를 사용하는 스위스 지역 출신이라 프랑스어밖에 사용할 줄 모르며 향수병을 심하게 앓고 있던 두 명의 하녀가 식탁을 차려 주었다. 식사를 함께하는 사람들은 아버지의 직장 동료들, 적어도 서너 명의 치열한 작가들이나 배우들 혹은 화가들, 이태리 출신의 젊은 신부, 러시아 공산당원, 독일의 남작부인 등등이었다. 이들은 편견 없는 내 어머니의 집에서 그들의 우울한 나날들을 함께 견뎌내고 있었다.

어느 날 아버지가 샌들을 가져와 맨발로 신겠다고 하셔서 무척 신났던 기억이 난다. 또, 어머니가 하루는 코르셋을 내던져 버리던 장면도 아직 눈에 선하다. 그 후로 그녀는 화려한 색깔의 헐렁한 옷들을 입기 시작했고 허리선 때문에 끙끙 앓던 모든 여성들을 불쌍한 눈으로 쳐다보았다. 물론 그녀의 아이들도 알록달록하고 편안한 옷을 입어야 했다. 우린 분명 작은 히피집단의 선구자처럼 보였을 것이다. 이것은 취리히에서 용납되기 쉬운 것은 아니었다. 사람들은 아마 우리를 일반적인 규범에서 벗어나는 스위스인 가정이라고 생각했을 것이다.

형제들로는 화가가 되고자 했던 맥스, 작곡가 겸 피아니스트가 되고 싶어했으며 내가 하는 무언극에 점수를 매기곤 하던 폴, 탁월한 무용수이자 배우, 도예가, 화가의 소질을 보였던 에디가 있었다. 에디는 내가 쓴 이 책의 삽화를 그리게 되었다. 우리 네 형제는 취리히의 언덕에 있는 우리의 아름다운 집에서 자유롭게 지냈다. 매년 여름마다 나는 우리 집의 널찍한 정원에 우뚝 솟아있던 떡갈나무들 중 하나에다가 내가 직접 나무로 지은 집에서 살곤 했다. 나는 반드시 집에서, 내 침대에서 자야만 한다는 명령을 받은 적이 한 번도 없었다. 부모님들은 내가 가족 식사 때마다 나타나,

한여름밤의 꿈에 나오는 꼬마 도깨비와 같은 꼴을 하고 멋지게 등장하는 것을 좋아했다. 나는 음식이 떨어져 가거나, 뜨거운 물로 목욕을 해야겠다는 생각이 들 때만 통나무집에서 내려왔다.

그 여름들은 정말 천국과도 같았다. 잔디밭을 구르고, 나뭇가지에서 과일을 따먹고, 개와 고양이와 온순한 수탉, 그리고 다루기 까다로운 산양들을 데리고 노는 네 명의 벌거벗은 아이들이 있던 우리 집은 분명 에덴동산처럼 보였을 것이다.

학교는 우리의 어린 시절에 있어 다른 세계였다. 우리는 교실에 가만히 앉아 입을 다물고 있어야 하는, 인간성 없는 엄격한 질서에 적응하기 힘들었다. 학교는 아무도 아이들이 무엇을 느끼는지에 대해 관심이 없고, 어떻게든 머리와 몸을 분리시켜 고분고분히 숫자를 세고, 곱하고, 대수학 문제를 풀고, 역사 교과서와 길고 지루한 시를 암기하는 사람이 우수한 학생이 되는 곳이었다.

한 번은 어머니에게 학교생활에 대해 불평을 늘어놓은 적이 있었는데, 그녀는 "걱정하지 마, 네가 선택한 삶을 사는데 있어 필요 없는 건 학교를 끝마치자마자 잊어버리게 될 거야."라고 말해주었다.

나는 그 말을 그대로 실행했다! 아마 아버지는 실망했을지도 모른다. 내 생각에 아버지는 그가 젊었을 때처럼 내가 선생님이 되기를 바랐던 것 같다. 사실 아버지는 스위스가 독립을 위해 싸우던 시절에 고아들을 위한 숙소와 학교를 세웠던 자애로운 이상주의자인 페스탈로치 시절로부터 이어지는 학자, 교수, 강사 출신의 선조들의 뒤를 잇는 마지막 분이었다.

열두 살에 나는 배우가 되기로 굳게 결심했었다. 나는 학창 시절에 세계의 위대한 희곡문학들을 진지한 열정을 가지고 공부했다. 연극 선생님은 내 재능을 눈여겨보았다. 지금 생각하면 영문을 모를 일이다. 왜냐하면 나는 내가 말하는 대사를 하나도 이해하지 못했고, 연극의 정신적인 내용은 빼놓았기 때문이다.

한 가지 분명한 것은 연극이 공포스럽고, 잘린 머리가 굴러다니고, 피가 흘러넘치고, 무고한 이에게 불의가 생길수록 나는 내 역할에 더 만족했다는 것이다. 이 년 동안 나는 가르침 없이 스스로 배웠고, 이해하려는 노력 없이도 이해했다. 그러다 갑자기 변화가 일어났다. 나는 춤을 추고 싶었다. 내 생각과 느낌을 이해하지도 못하는 단어들이 아닌 내 몸을 통해 표현하고 싶었다. 나는 통나무집에 똑바로 앉아 이에 대해 매우 진지하게 생각했다. 그리고 어느 날 저녁 식사시간에, 나는 벌떡 일어서서 내가 아주 중요한 결정을 내렸음을, 즉 무용수가 될 것임을 알렸다. 반응은 굉장했다. 식구들과 친구들이 발을 쾅쾅 구르며 웃어대는 탓에 나는 열심히 준비한 말을 계속 할 수가 없었다. 결국, 어머니가 나를 구해주었다.

"다들 너무해요! 트루디가 자기가 무엇을 원하는지를 아는 건 정말 멋진 일이에요. 그걸 증명할 수 있는 기회를 줘 봅시다." 이렇게 말씀하시며 어머니는 아버지를 바라보았다.

이렇게 해서, 열여섯 살에 나는 무용 창작을 시도하게 되었다. 훈련을 받아본 적이 없었기 때문에, 춤을 창작하기 위해서는 어떻게 해야 하는지도 몰랐다. 그래도 나는 춤을 만들어냈다. 커다란 방 하나를 빌려 피아노 연주자를 고용하고, 아이디어를 짜내고, 음악을 찾아내고, 스스로 알아서 연습과 훈련을 하고, 아주 화려한 의상을 만들고, 먹지도 않고 자지도 않았다. 많은 어려움이 있었음에도 불구하고 나는 무척이나 행복했다.

몸과 영혼이 분리된 적이 단 한번이라도 있었다면, 아마도 그 시기의 내가 그랬을 것이다. 나는 깜짝 놀랄 만큼 아름답고, 공기처럼 가볍고, 조화롭고자 했으나, 나의 튼튼한 다리는 휘어 있었고, 내 발에 걸려 넘어지기도 하고, 내 몸은 무거웠고, 움직임은 열망으로 일그러져 있었다. 좋게 말하자면, 그것은 영혼과 물질 사이에서의 대담무쌍한 고투였다.

내 생각의 혼돈과 성가신 육체로부터, 조금씩 알게 모르게 분간할 수 있는 춤의 형태가 나오기 시작했다. 아이들의 춤 같았지만, 사실 이 춤은 정말로 진지한 것이었다. 저녁에 잠에 들기 위해 햇볕을 향해 꽃잎을 여는 하얀 꽃이었다. 털을 반짝이며 들판을 활보하는 까마귀였다. 외로움에 훌쩍이는 슬픔에 잠긴 어린 소녀였다. 뱀을 부리는 아름다운 아가씨였다. 무엇보다도, 자신의 운명에 저항하는, 손이 묶인 노예였다. 나는 이 마지막 춤이 가장 즐겁고 자랑스러웠다. 이것은 자유에 대한 나의 내적, 외적인 열망을 구체화한 것이었다.

나는 또, 음악을 간단한 춤으로 만들어내기도 했는데, 내가 절대 따라 잡을 수 없이 빠른 리스트의 곡 "위대한 질주"나 슈베르트의 "음악적 기념물"과 같이 나의 세속적인 몸과는 기괴할 정도로 대조되는 발랄한 곡을 선택했다. 클래식과 현대음악을 내 목적에 따라 줄이거나 개작하고, 내가 기술적으로나 정서적으로 따라갈 수 없는 부분은 마음대로 생략했다.

6개월 가량이 지나, 나는 첫 번째 공연을 열었다. 믿거나 말거나, 공연은 매우 성공적이었다. 평론가들은 격찬했고, 아버지는 나를 자랑스러워했으며, 어머니는 미소지었다. 이 성공은 그 시절의 분위기를 알아야만 이해할 수 있다. 내가 춤을 추기 시작했을 때, 유럽의(특히 독일) 무용수들은 새로운 내용과 형식의 무용을 만들어내기 시작했다. 발레나, 귀엽고 사랑스러운 것에 반대하여 어떤 경우에 있어서건, 최고의 사람들은 고전적인 형태에 반대하고, 전통에 반대하고, 모든 것에 반대하는 사람들이다. 바이젠탈 자매는 발레 슈즈를 구석에 던져버리고는 맨발로 춤을 추었다. 이사도라 덩컨은 자연스러운 움직임과 흐르는듯한 선을 강조했다. 짧은 발레 스커트는 그리스 튜닉과 같은 것으로 대체되었다. 루돌프 라반은 무용수를 상, 중, 하의 세 종류로 나누기 시작했다. 또한 그는 자신이 "표현 무용"이라 지칭했던, 새롭고 놀랄만한 무용에 자신을 헌신했다. 에밀 자크 달크로즈는 음악과 동작을 완전히 통합하려 했다. 메리 위그만은 음악 없이 춤추었다. 그녀는 춤이 스스로 자신만의 목소리를 낼 수 있는 독립적인 예술이라고 보았다. 반면, 발레스카 게르트는 춤에 단어들과 고함소리를 첨가시켰다. 하얗게 분칠한 화장은 그녀를 툴루즈 로트렉의 그림 속 무희처럼 보이게 했다.

이 모든 것은 흥미롭고, 새롭고, 반항적인 것이었다. 모든 것이 변화하는 중이었다. 모두가 기발하고 멋지게 되고자 했다. 현대무용의 초기 시기에는, 고전에 반하는 것이 핵심이었다. 표현기법은 아직 고안되지 않았다. 할 말이 있다고 생각하는 사람, 두 다리를 가지고 있는 사람이라면 누구든지 춤을 추었다. 극장에 무용 공연이 넘쳐났다. 수백 개의 이름들이 무대 위에서 불처럼 확 타올랐다가 사라졌다. 무대 위에서 발을 쿵쿵 구르며 소리를 지르는가 하면, 손에 꽃을 들고는 미친 사람 흉내를 내는 이도 있었다. 기다란 보라색 가운을 입고 창백한 초록색 얼굴을 하고는 모르핀 춤을 추는 사람도 있었다. 어떤 이는 긴 담뱃대 역할을 하기도 했다. 빨간 소파위에서 강간과 살인을 하는 춤도 있었다.

이 모든 것은 있는 그대로의 움직임으로 표현되었는데, 이해시키고자 하는 어떤 노력도 없는 경우가 많았다. 무대 위에서 껑충 뛰어오른 다음에는 그대로 바닥으로 쿵 떨어졌다. 무대는 천둥치는 소리를 냈다. 군무는 움직임의 합창으로 대체되었다. 경비, 주부, 비서, 점원, 경찰, 내과 의사들이 이 흐름에 뛰어들어 연대적 움직임 속에서 연대적 느낌을 표현해냈다. 얼마 후에는 오페라에서 움직임의 합창을 거대한 군중이 모여 있는 장면에 사용하고 있었다. 마치 지옥에서 행해지는 것 같은, 악마가 여기저기 뛰어다니는 오싹한 장면이었다. 내가 스위스에서 독일로 왔을 때, 모든 독일인들이 춤을 추는 것 같은 느낌이 들었다.

이때부터 나는 진지하게 춤을 연습하기 시작했다. 나 자신과 내 주위 사람들에게 내가 무용수가 되고 싶어한다는 것을 증명해야 했기 때문이다. 나는 몸을 훌륭한 악기로 만들기 위한 기술적 훈련 방법으로 발레를 택했다. 또한 나는 엘렌 텔스 학교에 이사도라 덩컨의 제자로 들어갔다. 그녀는 순수하고 우아하게 흐르는 움직임을 표현하는 법을 가르쳐 주었다. 나에게는 부드러운 기품이 부족했고, 뻣뻣한 내 몸은 나를 괴롭혔다. 발레의 엄격한 경직성은 마치 벌을 받는 것과 같은 고통을 불러 일으켰다.

이 연구기간 동안, 나는 독일과 스위스를 순회했다. 내가 출연한 공연은 매진되었으며, 매우 성공적이었다. 관중들은 열광했고, 비평가들은 나를 극찬했다. 그런데, 왜 나는 그러한 반응들에 시큰둥했던 걸까? 나는 어린 시절 내가 췄던 춤에서 벗어나 버린 것이었다. 이젠 "지금의 나"를 표현할 방법을 찾아야만 했다.

그 와중에, 갑자기 아버지께서 돌아가시고 말았다. 예상하지 못했던 일이었다. 아버지의 죽음은 내 존재를 뿌리 끝까지 흔들어 놓았다. 내 삶은 항상 그에게 정신적 의지를 하고 있었는데, 이제는 모든 것을 스스로 해야만 했다. 나는 "예술적 춤"을 위한 학교를 차리기로 마음먹었다. 취리히 시에서 아주 아름다운 작은 교회를 연습실로 쓰게 해주었다. 스튜디오로 쓰기 위한 단 하나의 조건은, 이웃들이 시간을 알 수 있도록 첨탑의 시계태엽을 감아주는 것이었다. 종종 시계가 멈출 때마다, 전화기는 격분한 시민들의 빗발친 전화로 쉴 새 없이 울렸다.

이 공백 기간 동안 나는 아주 많은 제자들과 함께 했고, 인생의 새로운 국면을 맞게 되었다. 나는 가르치는 일에 흠뻑 빠져 완전히 몰입해 있었기 때문에, 안무 개발은 잠시 뒷전으로 미루어 두었다. 제자들의 움직임을 바라보는 동안 나는 강렬한 경외감을 느꼈다. 제자들이 어떤 관념을 안무로 표현해내려고 움직임을 다른 움직임으로부터 발전시킬 때, 몸의 형태를 만들기 위해 안간힘을 쓸 때, 그들은 창조를 향해 나아가는 것 같았다. 한편, 그와 동시에 그들의 환상을 표현하는 것, "그들의 상상을 움직이는 것"이 얼마나 힘든 일인지를 깨닫기 시작했다. 개인적인 감정들, 열등감과 불안감, 모든 종류의 갈등이 그들의 몸을 둘러막고 행동을 속박했다. 나는 새로운 시선으로 사람들을 보기 시작했다.

나는 길거리에서 사람들을 따라다니면서 그들의 걸음걸이와 자세를 흉내내면서 그들이 움직이는 방식을 포착하며, 그들의 심리 상태를 느낄 수 있다고 생각했다. 어느 순간 나는 사람들의 제스처, 외양을 꾸미는 방식, 태도와 얼굴표정, 인간 존재의 반짝이는 다양성에 집착하게 되었다.

나는 화가 날 때 얼굴이 어떻게 일그러지는지, 누가 어떻게 우는지, 어떻게 자신의 허벅지를 철썩 때리는지 등에 마음을 빼앗겨 있었다. 거울을 보며 머리를 매만지는 여성, 커프스단추를 찾는 남성, 팁을 받기를 기다리는 웨이터, 고객과 거래하는 비즈니스맨 이 모든 평범한 장면들이 나를 사로 잡았고 일상에서 다채로운 감동을 가져다 주었다.

또 다시 나는 춤을 만들었다. 이번에는 달랐다. 내가 관찰한 것들을 더 넓게 일반적으로 적용하여 작은 이야기들로 구성했다. 이것은 연기를 통해서가 아니라 내 몸을 이용해서 내 이야기를 들려주고, 그것을 춤으로 추는 것이었다. 그것은 짧고, 매우 명확해야 했기 때문에 이에 맞는 음악을 찾기란 거의 불가능했다. 그런데 어느 날, 내 동생 폴이 나와 함께 앉아서 내 생각들을 음악으로 옮기기 시작했다. 나의 작곡가를 찾은 것이었다.

새로운 춤에는 이런 제목이 붙여졌다. "당신에게 관심이 있어요, 비즈니스는 비즈니스야, 힘들기만 했지 얻은 건 없어, 난 내가 좋아, 절대 안 돼! 자유롭게 말하는 방법" 이 프로그램으로 처음 내 모습을 드러냈을 때, 나는 매우 큰 충격을 받았다. 관중들이 깔깔거리며 웃었던 것이다! 전에는 한 번도 일어난 적 없는 일이었다. 그 춤을 만들어 낼 때 나는 가장 진지했었다. 그런데 그날 밤 나는 관중들로부터 내가 "웃기는" 춤꾼이라는 것을 알게 되었다.

20대 후반에 나는 베를린의 작고 전위적인 극장인 카타콤에(Die Katakombe)에서 공연을 했다. 여기서 나는 젊은 배우, 음악가, 글을 쓰는 작가들의 집단에 참여했는데, 이들은 모두 정치적인 무대를 원했다. 새로운 전쟁의 악몽이 새로이 다가오리라는 징조가 느껴졌다. 우리에게는 비평의 타깃이 있었다.

우리는 자기 만족적인 부르조아를 조롱했으며, 새로이 부상한 "지배자 민족"의 오만함을 풍자했다. 우리가 했던 것은 모두 젊고, 솔직했으며, 엄청나게 건방졌다. 그러나 예술적 혁명이 일어난 후였으므로, 우리의 표현법에서 혼란스럽거나 이해 불가능한 것은 없었다. 우리는 이것을 명확하게 만들고자 했고, 오해 없이 받아들여질 수 있었으면 했다. 우리는 함께 참신한 내용을 나타낼 참신한 형식을 찾았다. 작은 정치적 공연은 성공적이었고, 나는 처음으로 내 개인적 성공이 그럴만한 가치가 있었다고 느꼈다. 나는 내 재능을 대의를 위해 사용했고, 춤이 통렬한 무기가 될 수 있다는 것을 알게 되었다.

이 집단과 함께 하면서도, 나는 여전히 솔로 공연을 계속하고 있었다. 파트너가 필요한 경우에는 상상적 대상을 향해 말을 걸어야 했다. 나는 내 친구와 함께 산책이라는 춤을 추며, 내 말을 듣고 있는 보이지 않는 그 사람이 진짜이길 바랬다. 점점 더 나는 대화가 있는 상황을 원했다. 나는 사람들이 여러 성격들을 연극적으로 연출해서, 우리 모두가 사람이 사람을 어떻게 다루는지를 보여주도록 했으면 했다. 사람들이 서로 어떻게 사랑하고, 미워하고, 속이는지? 어떻게 서로 어울려 노는지? 어떤 잡담을 하는지? 무엇에 대해 기뻐하는지? 무엇을 가슴 아파하는지?

파리의 국제무용대회에 초대받았을 때, 나는 이 문제에 열중해 있었다. 나는 초대를 수락하고는 뛰어난 제자들과 하나의 그룹을 만들었다. 그들은 아마추어였지만, 한 명 한 명 모두가 재능이 있었고 열정도 있었다. 나는 이미 속으로 춤과 연기가 합쳐진 형태의 팬터마임을 생각하고 있었다. 무용 코미디인 "프리돌린"이라는 제목의 공연이었다.

나는 제한이 많고 물질적인 세계에 적응하지 못하는 천진난만한 어린 아이인 프리돌린 역을 맡았다. 이 이상하고 우스꽝스러운 모습은 나 스스로가 가지고 있던 사회와의 갈등을 나타낸 것이었다. 파리 국제무용대회에서 나는 수상자 중 한 명에 선정되었다. 평론가들은 공연을 매우 마음에 들어 하며 칭찬했다. 공연 다음날 아침에 호텔 로비에 서서 그들의 평론을 읽던 순간의 짜릿함이 아직도 기억난다. "무용의 기초적 방법론이 새로운 의미를 맞았다. 첫 번째로는 반전 평화 메시지를 담은 커트 주스의 녹색 테이블에서다. 다음으로, 트루디 스쿠프는 우리 시대의 인간성에 대한 메시지를 전한다. 주스는 애절함을 통해, 트루디 스쿠프는 공격적인 조롱을 통해 그것을 전달한다."

나는 내 길을 찾게 되었다. 그리고 얼마 지나지 않아, 남편도 생겼다. 그리고 오늘날까지도 나는 그가 내 인간성을 사랑했던 만큼이나 내 재능 역시 사랑했다고 믿는다. 그는 내 꿈을 이루기 위한 것이라면 가능한 어떤 식으로든 도와주려고 했다. 그의 도움 덕택에 이제는 전문 무용수를 거느릴 수 있게 되었다. 그 그룹에는 성격, 생김새, 무용기법, 국적 등에서 생각할 수 있는 한 가장 다양한 성질을 가진 일원들이 뒤섞여 있었다. 나는 이전에 춤 훈련을 받아본 적 없는 곡예사, 코미디 음악 연주자, 발레리나, 전문 무용수들로 팀을 구성했다. 이런 다양한 성격을 지니고 있는 이들을 하나의 공연 팀으로 묶어내기는 쉽지 않았다. 무용수들은 연기하기를 싫어했고, 배우들은 춤추기 싫어했으며, 곡예사들은 항상 물구나무서기를 하려고 고집을 피웠고, 현대무용수들은 발레하는 사람들을 싫어했고, 발레리나들은 현대무용을 비웃었다. 그들은 모두 코믹 팬터마임이라는 나의 새로운 아이디어에 불신을 가지고 있었다. 그러나 마지막에 가서는, 그들 모두 서로 어울려 각자의 표현이 전체적으로 중요한 기여를 할 수 있게 만들었다.

이 그룹에 대한 나의 꿈은 이루어졌다. 많은 프로그램들이 몇 년 내내 공연되었다. 거리에서의 프리돌린과 집에서의 프리돌린, 광고가 필요해, 금발의 마리, 사랑의 이름으로, 바바라. 이 모든 팬터마임은 인간의 불완전함에 대한 유머러스한 언급이었다. 사람들은 조롱을 당하고서도 그것에 관대했다. 각각의 프로그램은 두, 세 개의 막으로 이루어진 장편이었다. 그리고 공연 대부분은 내 동생 폴과 함께 음악 작업을 통해 만들어졌다.

만족스러운 몇 년이 지나고, 나는 스무 명의 무용가와 스무 명의 화가로 구성된 그룹과 함께 세계 순회를 했다. 그 중 프라하에서 어느 날 밤 있었던 공연의 무대 뒤에서, 그 유명한 솔 휴록이 관중으로 와 있다고 우리끼리 흥분해서 속닥이던 일을 잊을 수가 없다. 그는 놀랍게도 우리에게 미국 순회공연을 제안했다! 우리는 대서양 너머로 진출하게 되었다. 그 커다란 대륙 이곳 저곳을 버스로 이동했다. 주요 도시들은 거의 다 방문했던 것 같다. 로스앤젤레스도 방문했었는데, 그 때는 내가 언젠가 캘리포니아의 주민이 될 거라고는 전혀 생각도 못하고 있었다.

다섯 번째의 미국 순회공연이 끝나고 대서양을 건너 돌아가

여러 가지 역할의 트루디

는 길에, 전쟁이 일어났다. 우리 그룹은 해체되었고, 멤버들 각자는 자신들의 나라로 서둘러 돌아갔다. 에디는 이미 예전에 그녀의 남편인 프레데릭 홀렌더와 함께 미국으로 건너가 있었고, 나의 어머니와 형제들은 벌써 그녀와 합류해 있었다.

전쟁의 폭풍우에 사방으로 둘러싸인 스위스는 태풍의 눈과도 같았다. 나는 적십자 단에 들어가 우리의 중립적인 땅을 통과하는 사지가 잘린 병사들을 수송하는 일을 도왔다. 페스탈로지도르프에서, 나는 홀로코스트에서 빠져나와 그 한가로운 피난처로 들어갈 수 있었던 어린 고아들과 함께 일하고, 놀고, 춤을 추었다.

결국 나는 또 다른 정치적 성향의 극장에 들어가게 되었다. 카타콤베 극장이 독일에서 15년전에 그랬던 것처럼, 이제 스위스에는 꼬르니숑 극장이 있었다. 꼬르니숑을 통해, 스위스는 히틀러의 독일에 대한 우려를 전달할 수 있었고, 우리 꼬르니숑은 이웃 국가들의 딱한 처지에 대한 무관심과 우리의 국경을 넘는 피난민들에 대한 배려 없는 대우에 대해 정부를 비판할 수 있었다.

우리의 열린 규탄에도 불구하고, 정부는 우리에게 확고부동한 자세를 취했다. 스위스의 검열관은 가끔 우리에게 독일 총독이나 공보담당관이 언제 극장을 방문할 것인지 미리 알려주곤 했다. 우리는 그에 따라 내용을 바꿀 수 있었다. 무엇을 말할 수 있는지, 말하면 안 되는지, 혹은 전혀 공연을 할 수 없게 되는 건 아닌지도 알 수 없는 무서울만치 조마조마한 시기였다. 점차 우리는 비밀 언어를, 일종의 수화와도 같은 것을 고안하여 검열관에 도전했다.

독일인들은 겨우 이렇게 보도할 수 밖에 없었다. "트루디 스쿠프는 손가락을 눈썹 위로 드리웠다. 우리는 그녀가 히틀러의 앞머리를 조롱하는 것 같았다!" 출연진은 각자 그들의 분야에서 최고인 가수들, 작가들, 화가들, 무용가들이었으며, 이들 모두는 우리의 신념을 위해 예술로써 싸우는 열띤 노력으로 똘똘 뭉쳐있었다.

이 끔찍한 시기, 어두워진 취리히의 밤하늘 위로 폭격기가 날아다니던 때에 우리는 노래 부르고, 춤을 추고, 연기를 하며 사람들에게 우리의 정치적 메시지를 전했다.

독일이 가차 없이 유럽 전역을 행진하자, 히틀러를 "죽어가는 백조"에 빗대어 춤을 추고 싶다는 열망이 나를 이끌었다. 검은색 투투는 히틀러 친위대의 유니폼을 암시했으며, 내 얼굴에는 그 지도자처럼 수염이 뒤덮여 있었다. 숨을 거두는 백조의 마지막 동작은 광적인 경례가 수차례 이어지는 것이었다. "날개"는 죽어가는 새가 마침내 숨을 거두기까지 계속해서 뻣뻣하게 위로 솟아 올랐다. 독일 총독은 격분했고 스위스 정부는 매우 신경이 날카로왔다.

마침내, 끔찍한 전쟁은 막을 내렸다. 꼬르니숑은 그 목적에 이바지했다. 유럽과 미국 전역에 걸친 공연 투어를 또 다시 하게 되었다. 내 남편이 죽었다는 소식을 들은 것은 내가 미국에 있을 때였다.

공허한 시기가 뒤를 이었다. 나는 전 세계를 돌아다니는 것에 지치게 되었다. 나는 뿌리를 갈망했다. 그리고 그 뿌리는 캘리포니아의 온화한 하늘 아래의 따뜻한 땅 깊숙이에서 자라났다. 그리고 다른 훌륭한 나무들과 마찬가지로 태양, 부드러운 공기, 벌거벗은 먼 산, 나를 찾아오는 신기하고 작은 동물과 새들, 나를 행복하게 하는 모든 이름 모를 꽃들과 사랑에 빠졌다! 나는 그림도 조금씩 그리고, 공부도 하고, 시각장애 아이들, 청각장애 아이들과 함께 춤을 추었다. 평화로운 시간들이었다. 얼마 안 되어, 다시 활기를 찾은 내 에너지는 새로운 배출구를 찾게 되었다.

제 1 부

손잡이 없는 문들

만남
"Ah sish Aristo shah!"

병원을 찾아 계곡을 올라갔을 때는 매우 아름다운 아침이었다. 평지는 꽃이 만발하였고, 부드러운 언덕은 황금빛 색조로 뒤덮여 있었다. 한 지평선에서 다른 지평선까지 파랗게 펼쳐진 하늘 아래에서 이 태양 가득한 대지, 대양의 흐르는 물결 리듬이 풍경 깊숙이까지 뻗어 있는 것 같은 이 대지를 얼마나 사랑하는지.....

나의 차는 느리게 꼬불꼬불 펼쳐진 길을 오르락 내리락하며 초원의 소와 말을 지나쳐 갔다. 나의 몸은 가볍게 움직였으나, 집에서 떠난 이후 계속해서 경직된 한 자세로 앉아 왔음을 깨닫게 되었다. 자동차 핸들을 잡은 손은 막대기처럼 꽉 움켜져 있고, 어깨는 높이 솟아 있으며, 목은 너무 뻣뻣해서 움직이면 삐그덕 소리가 날 정도였다. 무엇 때문에 이런 긴장을 했을까?

그것은 옆자리에 놓여 있는 편지 때문이다. 어떤 사람도 나에게 이 상황을 강요하지 않았다. 스스로가 이 상황을 만들어낸 것이다. 물론 거절할 수도 있었을 것이다. 아프다고 알릴 수도 있고, 혹은 갑자기 스위스로 돌아가야 한다고 말할 수도 있었는데… 나는 지금도 아직 방향을 바꿀 수 있다.

그러나 다음 언덕에서 교통신호가 보였다. "회전금지"

그 편지는 실제로 매우 친절한 편지였다.

"당신의 제안에 감사를 드립니다. 무용치료법은 흥미 있게 들립니다. 우리는 당신의 방법에 대해 더 자세히 알고 싶습니다. 수요일 10시에 오십시오."

지금이 수요일 9시 30분. 나는 서둘러야 한다. 단지 내 손이 간지럽지만 않다면 좋겠는데 모든 종류의 국가기관은 나를 놀라게 한다. 그러나 이 큰 정신병원이라니....

몇 년 전에 스위스의 블러일러(Eugen Bleuler, 1857~1939)[1] 교수가 환자들을 위해 무용을 해줄 것을 요청했을 때, 병원의 환자들에 대한 기억이 생생하다. 분노에 차 있고, 두려워했던…… 지금 나의 심장은 기대 때문에 더 고동친다. 이 병원의 환자들도 또한 그럴까? 그것은 알 수 없다. 나의 생각은 아직 꿈과 같았다. 그러나 나의 꿈이 의사들을 흥미롭게 하였는지는 확실하지 않다. 오히려 그들은 지금 내가 가진 방법의 기술을 원한다. 내가 그들에게 나는 환자들로부터 배우고자 한다고 솔직하게 말할 수 있을까? 내가 분명하게 알 수 있는 단 한 가지는 내가 환자들과 춤을 추고 싶어 한다는 것뿐이었다. 춤? 병원에서? 정신질환 환자들과? 순간 나의 생각이 부조리한 것처럼 여겨졌다. 그러나 무엇 때문에? "춤을 춘다."라는 개념은 자아도취적인가? 춤은 진지할 수 없는 단순한 즐거움인가? 그것은 비학문적이어서 치료법으로 볼 수 없는가?

나의 근심은 자동차 계기판의 속도눈금과 함께 올라갔다. 도대체 나는 왜 이런 신경싸움을 하고 있는가 정신이 병든 사람과 함께 하는 것이 왜 나에게 그토록 중요한가 다시 블러일러 교수의 환자들이 생각났다. 그들의 낯선 태도, 이상스러운 행위, 특이한 발음 그들이 무엇을 생각하고 느끼고 말하는지 이해할 수 있기 위

1) 스위스 취리히 대학 정신과 주임교수

레브코헨 평야(들판)

해서 나는 무엇을 주어야 하는가?

나를 이 시간에 이러한 언어로, 이러한 모험으로 이끈 인간의 표현력에 대한 열중. 정신분열증의 수수께끼와 같은 언어를 풀기 위해서 세상은 나만을 기다려왔다. 왜 이렇게 나는 표현에 빠져 있는가?

숨 막히는 세상에서 나는 꿈과 같은 향기를 불러 일으키고 싶다. 멋지고 기분 좋은 내음의 들판, 나의 어린 시절 정원의 꽃, 무지개 색으로 피어 있는 꽃이 내 눈앞에 펼쳐졌다. 점점 강하게 무지개빛으로 빛나는 색을 온 방향으로 발산하면서 하늘과 땅을 녹인다. 황홀한 감정에 빠져 나는 병원 앞까지 오게 되었다. 문의 표찰에는 "행정관리"라고 써 붙여 있었다. 나는 들어갔다.

문이 닫히자 어둡고 색이 없는 무채색의 손님방에 있었다. 소독기구 냄새가 강하게 났다.(숨겨야 할 것을 숨기지 않다니!) 책상에선 꼿꼿이 앉은 부인이 사무적인 목소리로 전화를 하고 있었다.

"스쿠프 양이예요?" 그녀가 위를 쳐다봤을 때, 그녀는 정중하게 거리를 두고 있는 나를 발견했다. "스쿠프 양이예요?" 그녀는 나의 첫 번째 여선생님 "바흐톨드"의 강인함을 가지고 말했다. 나는 고개를 끄덕였다.

"그녀가 마침 왔어요. 케르무쉘 박사님… 네, 박사님" 즉시 그녀는 수화기를 조심스럽게 내리고 난 후, 두꺼운 안경 너머로 나를 재어보듯이 빠르게 살펴봤다. 그리고 그녀의 지시는 쉴새없이 내게 퍼부어졌다.

"당신에 대한 미팅은 회의실에서 열려요, 층계로 올라가 2층 오른쪽 첫 번째 모서리를 돌아 혈액은행 실험실의 건너편 손잡이가 없는 네 번째 문으로 가세요."

나는 "고마워요"라고 말했다. 머리로는 그 위치를 다 외우기 위해 노력하면서. 층계를 오르는 동안 나의 심장은 방망이질 치고, 발걸음은 빨라졌다. 뭐라고 말하지? 그것을 어떻게 얘기하지? 영어로는 완벽하게 말할 수 없는데, 속이지 마라. 너는 그것을 스위스, 독일어로도 할 수 없을 텐데! 나는 2층에 도착해서 첫 번째 복도로 구부러져 들어갔다.

오, 하느님. 내가 "Okay" 말고 다른 어떤 말을 할 수 있겠습니까? 나의 언니는 최근에 내게 "Okay"란 말을 너무 자주 해서는 안 된다고 주의를 줬다. 그 말은 교양 있는 사람은 하지 않는다고.... 그러나 불행하게도 내가 확실히 발음할 수 있는 유일한 하나의 단어인데… 그것이 문장의 처음이든 중간이든 끝이든. 그것을 무시하고라도 문제는 나의 지연작전이었다. 내게는 생각할 시간이 있었다. 내가 고상한 영어로 표현할 수 있는 유일한 멋진 개념이 금지되어 있다니 얼마나 바보 같은 일인가.

나는 막다른 복도에 서 있었다. 새로운 시작으로 걸음을 돌렸다. 어떻게 그들에게 말할 것인가? 얘기를 한다면 이렇게 정리할 수 있을 것이다. 나는 환자들을 행복하게 해주고, 그것을 동작으로 할 수 있다고 생각합니다. 나의 목표는 사람들이 신체로 자기 자신을 표현하고 자신의 신체를 취하여 그것을 인식하도록 돕는 것입니다. 공정한 미국인들에게 이러한 생각을 잘 표현할지 생각하는 동안 나는 혈액은행 실험실을 지나 문을 찾아냈다. 실제로 손잡이가 없는 문!

나는 숨을 깊게 들여 마셨는데, 그것은 한평생 권위에 저항하는 나에게 도움을 주었다. 한 친절하고 솔직한 아이가 문을 두드렸다. 내가 들어갈 수 있도록 문이 열렸다. 케르뮤셀 박사, 병원의 원장, 매우 예의바르고, 매우 파란 눈을 가진… 두려웠던 인터뷰는 3분 만에 끝났다. 불명료하지만 케르뮤셀 박사가 흥미 없는 얼굴을 한 집단에게 나를 소개시켰던 것이 기억난다. "동료여러분" 그는

창살, 창살…

정중하게 여섯 사람을 가리키면서 말했다. 그리고 나서 질문이 있었다. "자, 스쿠프 부인, 당신은 우리를 위해서 무엇을 할 수 있습니까? 우리는 당신의 치료적 방법과 그 방법이 어떠한 성과가 있는지에 대해 알고 싶습니다. 당신은 환자 개개인과 무엇을 하고자 합니까?" 생각할 겨를도 없이, 강렬하고 진지하게 내입에선 단어들이 나왔다. "Okay, 저는 환자들과 춤을 추고 싶습니다. Okay?" 침묵!

의사의 눈빛 나의 영혼을 꿰뚫어 보는 레이저 빛과 같은! "Okay" 이 멋진 대답으로 그는 나를 무용치료사로 만들었다.

단지 나의 귀에 어렴풋하게 들려왔다. 이어지는 더 많은 단어들, "나는 당신의 공연을 시카고에서 봤습니다. 당신의 판토마임은 뭐랄까? 인간행동의 본능적인 파악이랄까? 당신이 이것을 치료에 어떻게 이용할지 흥미 있게 보겠습니다. 치료의 새로운 길이 열리길 기대합니다." 그리고 나서 "안녕히 가십시오. 행운이 따르길… 벤즈 박사가 당신을 안내할 것입니다."

기적이 일어났다. 환자들과 춤을 추는 것이 허락되었다. 여기 이 병원에서!

한 젊은 남자간호사가 각 부서를 돌아다니며 나를 안내했다. 흥분되어 나는 그를 따라 갔다. 우리는 쇠창살로 분리된 끝없이 긴 복도를 걸어갔다. 소리라곤 우리의 발자국 소리뿐이었고, 우리가 들어가기 위해 반복적으로 창살을 열었다가 다시 잠갔다. 이 과정은, 신중하게 연습되고 정확히 들어맞는 틀에 따라 행해졌고, 마치 의식 같았으며 그 목적은 알 수 없었다. 문이 꿈속을 방황하는 것 같은 기분이 들었다. 마지막으로 우리는 육중한 문 앞에 섰다. 어떤 소리도 문 바깥쪽으로 새어나오지 않았다. 호기심과 두려움 사이에서 마지막 열쇠가 잠길 때까지 나는 기다렸다. 문이 열렸다. 나는 문지방을 넘어섰다.

빗살이 쳐진 높은 창문을 통해 기대하지 않았던 햇살이 들어왔으며, 나는 눈을 가늘게 떠야 했다.

창살 쳐진 울안의 문에는 더 많은 창살이 있었다. 도처에 창살이 있었고, 나는 이 창살을 지키는 사람들의 반대편에 섰다.

거기엔 머리를 그로테스크하게 오른쪽 어깨쪽으로 기울이고 있는 한 남자가 움직이지 않은 채 앉아 있었다. 수척한 한 소녀가 바닥에 웅크리고 앉아서 계속해서 몸을 이리 저리로 흔들었다. 희죽이 웃으며 등을 벽에 기대고 앉은 한 부인이 주먹을 치켜들고 더듬거리며 말했다. "나랑 권투할래요. 권투할래요?"

또, 공간의 오른쪽 면을 따라 한 남자가 군대처럼 정확하게 왼쪽으로 여덟 발자국을 행진했다가 돌아서 오른쪽으로 여덟 발자국 다시 돌아서 쉽없이 계속 행진했다. 또한, 나는 고전 비극의 가면을 쓰고 있는 것 같은 주름진 얼굴을 보았다. 그는 방을 즐겁게 뛰어다니고 있었다. 그리고 램프 아래에서는 한 젊은 남자가 전구와 깊은 대화를 나누고 있었다.

그 공간은 기쁨 없는 킥킥거림, 때때로의 흐느낌, 갑작스러운 비명, 이해할 수 없는 중얼거림, 단조로운 움직임으로 채워져 있었다. 어두운 톤의 그림같은 사진 몽타주, 혼돈 한가운데서 움직임이 없는 것에 사로잡힌 살아있는 석고상, 한 여자가 움직이지 않고 창가에 서서 팔을 힘없이 쭉 뻗고 있었다. 다른 사람은 지나치게 긴장을 하고 눈은 허공을 응시한 채, 걸상에 앉아 있었다. 이 경직된 형상들 내부 깊숙이에 무엇이 있는가?

나는 여러번 부드럽게 팔을 잡아당기는 느낌을 받았다. 내 바로 옆에 한 작은 아이가 발가락 끝으로 서 있었다. 그 아이는 달 모양의 얼굴을 하고, 이렇게 소곤거리며 말했다.

"Ah sish Aristo shah!"

그녀는 비밀스럽게 투명하고 파란정맥이 비치는 손을 입에 대고 속삭였다. 각 손가락이 각각 다른 색깔의 끈으로 장식되어 있었다. 누가 그녀에게 이렇게 예쁜 나비매듭을 매주었을까?

"schah Hipto schah! Ra-ta-schah!"

"정신이 교회에게 하는 말을 들으라!" 내 앞에는 다채로운 색깔의 교회창문으로 이루어진 고딕모습의 형상이 서 있었다.

크고 마른, 쭉 뻗은 팔을 가지고. 그 남자의 깊은 눈은 나를 꿰뚫어보고, 멀리 바라봤다. "내가 사랑하는 것을 징계한다!" 팔을 위로 높이 뻗고, 집게손가락은 하늘에 계신 복수심에 불타는 신을 가리켰다. "열심히 하라. 그리고 회개하라." 갑자기 남자 간호사가 우리의 좁은 사이에 끼어들었다. 그리고 즉시 상황을 압도 했다. "이제 그만 놓아주게, '존' 그러자, 오늘은 이것으로 끝이다."라고 말하고 고딕식의 모습은 사라졌다. "이자벨 너도 우리 방문객을 놓아줘라, 내가 그를 안내할 수 있도록." 그는 그녀의 꽉 낀 팔을 풀고, 나를 측면으로 끌고 갔다.

그 사이 "나를 소개한다면"이라고 하면서 한 남자가 친절하게 인사를 하면서 말했다. "저는 앤드류 카링톤이라고 합니다." 그는 친절하게 인사를 하면서 말했다. 그는 손가락을 튀겼다. 딱, 딱, 딱 "최상급이었죠. 1년 전에 라스베가스에서 돈을 잃어버린 한 남자와 함께 좋은 사업을 했죠. 물론 몇몇 가지는 개선할 수 있을지도 모르죠. 하지만 그의 시대에 모두는 그의 시대에 모두는" 그리고 그는 껑충껑충 뛰었다. "그는 몇 가지 특징을 내보였죠. … 딱, 딱, 딱 … 최상급이었죠, 소위…"

그의 감격은 전염성이 있었다. 나도 그를 따라 껑충거리고

손장난을 하였다. 그가 자랑스럽게 그의 재산목록을 보여주었다. TV세트, 탁구 책상, 딱딱한 참나무 걸상, 정원의 한 가운데 있는 고무나무. 그리고 나서 카링톤은 친절하게 몇몇 입원환자를 나에게 소개시켰다. 그들 중에서 나는 한 명의 사탄(둥글둥글하고 대머리의, 발을 쳐다보고 있는), 2명의 아이젠하워를 만났다. 장군(우아하게 인사했던) 그리고 대통령(높이 솟은 눈썹과 영구적인 놀란 표정), 마릴린 먼로(그녀의 커다란 지갑을 샅샅이 뒤지는)와 성모 마리아(풍선껌을 불고, 그것이 터지면 킥킥대며 웃는다).

내가 사탄의 프로야구팀의 장점에 관한 상세한 보고를 엿듣는 동안, 의사가 간호인에게 마지막 주의를 주려고 큰 문을 열었고 나는 다시 한 번 뒤돌아보았다. 추상적인 분위기가 그 위를 감돌았고, 꿈과 같은 삶을 사는 모든 존재가 현실과 분리되어 있는 것 같았다. 매료된 채로 나는 초상화와 개인화를 보았다. 이 남자들과 여자들이 연극의 모든 속성과 기술을 가지고 있는 것 같았다. 상징적인 몸짓, 과장된 표현, 투영의 강도, 동화, 환상 이들은 희극과 해학, 비극을 했다. 표현의 정확함이 가장 매력적이다. 모든 것과 분리되어 그 시간에 정지해 있다. 악몽처럼, 고독, 개개인의 고립, 놀랍게도 자기가 좋아하는 역할을 맡은 87명의 독무가 모두 각자의 고유한 오락을 보인다. 광란의 발레, 정신적인 빠른 곡조의 뛰어난 곡.

Isabelle (이자벨르)

10분 후에 나는 돌아가는 길의 차안에 있었다. 내 머리는 인상들로 꽉 차 있었고, 계속해서 질문이 생겨났다. 이 무아지경의 존재들이 현실의 한 면과 만나는 것이 가능한 일인가? 내가 파르말리온처럼 "조각"에 생명을 불어놓을 수 있을까? 그것이 우스운 일인가? 내가 정신 이상이 된 프시케에 대해 무엇을 안단 말인가? 매우, 매우 조금 이제 내가 무엇을 아는가? 신체에 대해서 아는 그것이 전부다. 나는 항상 신체를 '파악할 수 있는 인간의 현실' 로 보았다. 감정을 느끼는 구조가 나의 새로운 계획에 도움을 줄 수 없단 말인가? 꼭 무용가로서 활동하는 동안 그랬던 것처럼. 이 직업에 나의 신체가 기여한 것이 획득한 기술적 능력이외에 더 무엇이 있단 말인가? 이제 나는 감정을 표현하기 위해서 신체를 떠날 수 있었다. 하나의 역할, 하나의 성격을 나타내기 위해서 다른 어떤 것이 또 있었다. 나의 환상의 형상이 진행되는 동안 나의 존재에는 긍정적인 변화가 일어났다.

그 첫 번째로 판토마임은 '춤으로 된 심리분석' 으로서의 기능을 깊은 곳에 숨겨진 갈등을 발견했다. 지금 그것을 생각해보면 사실 나의 근본적인 문제들이 많이 사라진다. 이러한 변화를 위해서 나의 신체로는 무엇을 했었던가? 이제 나는 감정과 생각을 표현하기 위해서 단지 생각할 수 있는 방식으로 몸을 움직였다. "동작을 수단으로 한 의사소통" 그것은 결코 혁신적인 개념이 아니다! 그것의 기본에는 많은 요소들이 있다. 나는 그것을 밝혀내야 한다. 그러나 또한 이 과정에서 전개되어질지 모르는 것, 나의 힘으로 오늘 오후 방문한 사람들을 도와주는 것이 가능하지 않다면? ……

그러나 나는 그것을 원한다. 나는 어떤 상황하에서라도 그것을 시도하고자 했다. 아마 이자벨의 끈이 나에게 행운을 가져다 준 모양이다. 이 새로운 세계는 나를 그녀의 끈에 묶기 시작했다.

혼돈의 발레

시작
"그녀는 어느 병동에서?"

월요일 아침 나는 병원의 공동구역에 혼자 있었다. 나에게 배정된 환자들의 첫 번째 그룹을 기다리고 있었다. 새로운 시행을 하려는 나의 능력을 스스로 신임했다. 그 순간 나는 같은 신뢰를 갖게 되기를 바랐다. 환자들이 공동의 시간에 어떻게 대응할 것인가? 손바닥이 다시 간지럽기 시작했다. 이 신경과민은 무엇 때문인가 이 불안은? 대답을 생각할 시간도 없이 간호인이 문에 나타나 환자들을 방으로 들어가라고 했다. 조심스럽게 그들은 출구 근처에 기다리면서 모였다.

"안녕하세요?" 나의 밝고 높은 톤은 현재 분위기와 맞지 않았다. 그들이 거기 서 있는 모습이나 방식으로 봐서 그들의 평상시의 생활을 방해했다는 것에 비위가 상했음을 말해주었다.

"들어오시지 않으시겠어요?" 나는 용기를 내어 제안했다. 만성 정신분열증으로 낙인이 찍힌 22명의 환자들이 방으로 천천히 들어왔다. 분노, 적대감, 불안, 불신의 감정을 가지고서 몇 명은 피아노를 쳐보고, 다른 이들은 책상을 만져 보기도 하고, 벽을 만져 보기도 했다. 많은 이들이 아무 목적없이 이리저리 뛰어다녔고, 두 사람은 고집스럽게 문에 서 있었다. 이 환자들의 행위가 나를 향한 것인지 아니면, 나에게 등을 돌리는 행위인지 몰래 알아봐야겠다는 감정이 들었다.

"자, 그럼 내가 누구이고? 무엇 때문에 여기 왔는지 여러분들에게 말하겠어요, 여러분들 모두 원으로 만들어 앉아 주세요."

경험이 없었던 나로서는 너무나도 당연하고 단순한 요구가 예측할 수 없는 문제를 발생시켜 파국으로 이끌었다. 놀란 내 눈앞에는 바닥에 원으로 앉지 않기 위한 가능한 다양한 모습이 펼쳐졌다. 한 환자는 의자 위로 올라가 자신을 꾸몄고, 어떤 사람은 방을 가로질러 질주해 피아노를 두들기기 시작했다. 어떤 이는 몸을 굽혀 책상 아래로 몸을 감췄고, 다른 이는 커텐을 몸에 휘감았으며, 몇몇은 이 조직화된 거부를 지지하기 위해서 바닥에 누워 이의를 제기했고, 성냥을 요구했고, 킥킥거리며 웃거나 창밖을 내다봤다. 그러나 다수는 단순히 그들의 익숙한 행동양식으로 돌아갔다. 그들 고유한 세계의 숨겨진 곳으로.....

나는 주목시키려고 몇 가지 행동을 시도해봤으나 헛수고였다. 그래서 그것을 포기하고, 바닥에 있는 소수에게 관심을 집중시켰다. 그들에게 다가가 앉아 새로이 시작했다.

"자, 나는 트루디라고 해요. 우리들이 함께하는 시간에는 근육을 강화시키고 신체를 탄력 있게 만드는 운동을 하기로 해요. 우리는 음악에 맞추어 춤을 출거예요. 그리고…" "춤을 출거예요." 이 말이 소란을 불러 일으켰다. "춤은 약한 사람을 위한 거예요."

그리고 한 부인은 무조건적으로 주장했다. "우리 고모는 춤추다가 흉터를 얻었어요."

폐쇄적이고 모욕 받은 한 그룹이 큰 위엄의 자세를 가지고 출입문으로 갔다. 간호인은 어깨를 으쓱하고, 그들을 문 밖으로 데리고 나갔다. 소란한 가운데 누군가의 한 마디를 들을 수 있었다.

"그 여자는 어느 병동에서 온거야?"

나는 다시 혼자가 되었다.

화요일 아침 나는 복도에서 환자들이 발을 질질 끌며 걷는 소리를 들었다. 그들의 간호인 '디킨' 이 환자만큼이나 지쳐 보이는 모습으로 그들을 인솔하여 들어올 때 나는 그들을 다시 관찰했다. 즐거움이 없는 그들의 모습을 보고, "우리 감정을 자유롭게 털어놔요!"하고 나는 열정적으로 외쳤다. "화내는 것부터 시작합시다. 화가 나면 하는 행위를 저에게 보여 주세요!"

대답은 침묵이었다. 잠시 동안 우리는 서로를 노려보았다. "제 말은… 우리들이 화가 날 때 어떤 행동을 하는지… 저에게 보여주시겠어요? 우리가 어떻게 움직이죠?" ……마침내 조그마한 소리가 침묵을 깼다. "화를 내는 것은 아름답지 않아요." 두 번째 여자가 "나는 화났을 때, 행동하지 않아요." 세 번째 여자가 "나는 화를 내지 않아요, 화를 낸 적도 없어요, 나는 결코 화를 내지 않을 거예요!"

"오, 맙소사! 화를 내는 것은 정상적인 거예요. 우리 모두 종종 화를 내잖아요. 그렇지 않아요? 나는 굉장히 화를 낼 수도 있어요!" 곧이어 나는 내가 말한 것을 감정으로 느끼기 시작했다. "예를 들어 발을 구르고, 문을 쾅 닫고, 주먹을 흔들어요, 이런 방식으로

원초적 분노

말입니다!" 그리고 나의 온힘을 다해 화가 났을 때의 상징을 보여 주고 강한 감정의 동요를 보여 주었다.

그것은 그들 마음에 들었다.

그들의 작은 관심에 나는 용기를 내어 다음 태도를 취하고자 했다. "자, 이제부터 화를 내보세요." 그때, 누군가가 나에게 요구했다. "한번 더 해보세요." 그러자 그들은 합창을 했다. "네, 당신이 한 번 더 해보세요."

그들에게 보여주기 위해 나는 분노에 대한 동작을 다시 반복했을 때, 누군가가 웃었다. 그 반응은 내게 용기를 주었지만, 나는 22명의 환자들과 간호인을 이것으로 계속해서 즐겁게 해줄 수는 없었다. 나는 좀 더 현명한 행위를 해야 했다. 그러면서 나는 너무나 잘못 말했다. 나는 그들의 감정을 일깨웠어야 했다. "두드리십시오, 때리십시오, 소리치세요! 화를 내세요, 화를!… 제정신이 아닐 정도로" 마흔 네 개의 눈이 먼 곳을 응시했다. 44개의 팔이 힘없이 움직였다. 44개의 다리가 그들의 느끼고자 하지 않은 것을 표현할 수 없었다. 누군가가 파르르 떨었고, 누군가는 앉았다. 누군가는 창밖을 내다보았으며, 지루하게, 흥미 없이 그리고 힘없이...

나는 절망 속에서 다시 시작했다. 나는 혼자서 격정적으로 분노하여 높이 뛰고, 때리려 달려들고, 방을 이리저리 뛰어다녔다. 기침을 하고, 두드리고, 불을 내뿜듯이 공격을 했으며 나 자신을 허공에 내던져 바닥에 떨어지고 공격을 가했다. 땀을 흘리며, 심장이 가빠져 나는 마침내 멈추었다. 다시 정신을 차렸을 때, 나는 나의 관객들을 잃었음을 알았다. 단지, 두 명만이 남아 있었는데, 그 중 한 사람이 내게 가까이 다가와서 말했다.

"너에게 각성제를 먹였니?"

수요일 아침 약간 피곤해져서, 어제의 감정폭발을 정리하고 나는 세 번째로 나의 그룹을 기다리면서, 나는 책임감을 느꼈다. 오늘 오전부터 치료법이 효율성을 얻어내어야 하는 유일한 사람이 바로 나임을 알았다. 감정은 접어두고 분노도 사라졌다. 오늘 아침 나의 감정은 부드럽고 사랑이 가득 찼다. 나에게 뿐만 아니라, 환자들에게도, 심지어는 세상전체에 대해서도, 모든 것을 포용하는 기분으로 오늘 시간을 준비했다.

나는 피아노 옆에 무릎을 꿇고 앉아 나의 소도구들을 펼쳐놓기 시작했다. 리듬 타악기, 다양한 색의 천들, 소리 실험을 위한 종과 접시들… 그 때, 기침소리가 나의 준비를 중단시켰다. 내 뒤엔 간호인과 나의 행동을 별 관심 없이 관찰하는 한 무리의 적은 수의 환자들이 서있었다. 나는 당황하여 일어섰다. "다른 사람들은 어디에 있죠?" 나는 디킨 씨에게 물었다. "네, 오늘 아침에 목에 통증을 느낀 사람이 많이 있는 것 같았습니다." 그는 대답을 하고는 많은 것을 말하는 듯한 눈짓을 하면서 문 옆의 그의 자리로 갔다.

그룹의 남은 구성원들은 서있는 채였고, 나는 유연한 움직임을 시작하기로 결심했다. "우리 반원으로 섭시다." 그 말에 놀랍게도 그들은 반원으로 섰다. 그들의 참여는 나에게 용기를 주었다. "이제 여러분들이 원하는 대로 여러분들의 몸을 흔드세요, 하나의 움직임을 만드세요, 신체를 자유롭게 풀어주세요!"

그러나 그들 누구도 그것을 하지 않았다. 어떤 이의 얼굴에선 공포를 느낄 수 있었고, 어떤 이의 얼굴에선 당황함을 볼 수 있었다. 무슨 말을 해야 자극을 줄 수 있었겠는가? 나에게 움직임은 기쁨이었고, 그것은 자제와 해방 사이에서 놀랄 만큼 똑같은 비중을 두고 있다.

"바람에 흔들리는 밀밭을 생각하세요. 이리저리, 위 아래로 …혹은 물결치면서 흔들리는!" 그림을 말로 설명하려는 나의 시도는 실패였다. 그들은 반응을 보이지 않았다. 왜일까? 무엇이 그들을 자유롭게 움직이는 것을 위협하는 걸까? 마치 위험한 바닥을 딛고 있는 것 같았다.

그때였다. "내가 무엇을 할 수 있는지 보세요!" 엠마였다. 그녀는 몸을 숙여 무릎을 굽히지 않고 그녀의 손이 발가락에 닿는 것을 내게 보여주었다. 다른 사람들도 그녀를 따라했다.

"나는 엎드려뻗치기를 할 수 있어요." 칼이 말했다. 그리고 그는 그것을 보여주기 시작했다. "내가 군에 있을 때, 나는 마흔 번의 무릎 굽히기를 할 수 있었어요." 프레드였다. "시작!" 그가 외쳤다. "우리 함께 그것을 하자. 하나, 둘, 셋, 넷, 하나, 둘, 셋, 넷!"

처음으로 나는 이 사람들이 그룹으로서 행동하는 것을 보았다. 나는 움직이는 신체와 작은 흥분을 보았다. 무엇 때문에 그들은 나를 따르지 않고 프레드를 따르는 것일까? 점차 여자들이 힘이 드는 남자들의 시합에서 물러났다. 그들은 벽 가까이에 앉았다. 한 여자가 이리저리 몸을 흔들면서 울었고, 한 여자는 이를 쑤셨다.

나는 지도력을 잃어버리고 말았다. 나는 어떻게 해서든지 지도력을 다시 찾아야 했다. 최소한 조금전까지, 어떤 참여가 있었지 않은가? 내가 신체의 각 부분을 움직이기 시작한다면?

나는 다시 "우리가 손으로 할 수 있는 것을 보여주세요!"하며, 외쳤다. 몇몇 환자가 손동작에 참여하려고 했다. "머리로는 무엇을 할 수 있죠?" 나는 좀 더 분명하게 했다. "여러분은 위, 아래로 움직일 수도 있고, 옆으로 돌릴 수도 있어요." 자신의 행동을 바꾸지 않고 고립된 세 명을 제외하고는 모두가 회전으로 보이는 동작을 머리로 했다. 이러한 성과에 기뻐하며, 나는 계속했다. "허리로는 무엇을 할 수 있죠? 한 쪽에서 다른 쪽으로 움직일 수도 있고, 앞으로, 그리고 둥글게…"

칼은 왜 중지했을까? 로잘리와 엠마는 왜 킥킥거리지? 발터는 내 등 쪽에 대고 무엇을 했지? 누군가가 난봉꾼처럼 휘파람을 날카롭게 불었다. 프레드가 내게로 다가와서 곁눈질을 해가며, 골반을 앞, 뒤로 흔들면서 노골적인 성적 행동을 했다. 케르무쉘 박사가 이 순간 마침 들어왔다면 무슨 일이 일어나겠는가? 내가 지금 무엇을 하고 있지? 나의 마음은 동요되었고, 나의 자신감은 사라지기 시작했다. 미리 준비한 빗자루를 빨리 가져와서 모두의 손에 그것을 쥐어 주었다.

"이제 우리 모두 왈츠리듬에 맞춰 바닥을 두들겨요. 그냥 이렇게 하나, 둘, 셋, 하나, 둘, 셋!" 나는 분리된 그룹을 하나로 합치기 위한, 절망스러운 마지막 시도를 했다. 그러나 프레드는 자신의 흥분된 상태를 단지 새로운 도구로 옮겼을 뿐이다. 왜 바닥을 두드리는가, 흥분시킨다면 피아노를 치거나 커텐을 치거나, 자기 자신을 때릴 수도 있는데? 다른 남자들도 그를 따라했다. 순식간에 빗자루는 검(儉)이 되었다. 그것들은 조각조각이 나서 공중으로 날아갔고 소리를 지르며 여자들이 그것을 뒤쫓았다. 복도의 저 끝에서 천천히 머리를 좌우로 움직이는 간호인을 보았다. 나의 무릎이 말을 듣지를 않았다. 나는 피아노 의자에 몸을 던졌고, 조그마한 소리로 말했다.

"오늘은 여기서 그만."

우리의 조용한 비평가인 간호인이 시끄러운 그룹을 모아서

오늘은 그만

문 쪽으로 능숙하게 그들을 데리고 가는 것을 보았다. 간신히 나는 목소리를 다시 찾았다. "디킨씨, 내가 월요일 전에는 돌아오지 못 할거라고 케르뮤쉘 박사님에게 말해주시겠어요? 갑자기 목에 통증이 생겼어요!"

평가
정신적 혼란과 신체적 혼란의 관계

긴 주말이 지나면서 내가 거절한 것이 얼마나 가엾은지 겨우 생각이 나기 시작했다. 첫 3일은 실패감과 치욕 속에서 끝났다! 이제 내게 남은 일이라곤 케르뮤쉘 박사에게 전화를 걸어 나는 신임을 받을 자격이 없으며, 무용치료사라고 불릴 자질이 없다고 말하는 것뿐이었다.

나는 월요일 시간의 끝을 기억했다. 다시 한 번 나는 모든 환자들이 반항하며 문 쪽으로 가는 것을 보았다. 단 한 사람도 나를 돌아보지 않았고, 아무도 내게 미소를 보내주지 않았으며, 아무도 "안녕히 가세요."라고 인사하지 않았다. 아무도.... 그리고? 내가 무엇을 기대할 수 있겠는가? 나는 상처받은 감정에 빠질 권리도 없는가? 나는 어떤 거절도 참아낼 수 없었다. 감정혼미!

그리고 "너, 각성제를 먹었니?"라는 물음은 끝장이었다!

나의 노출 경향은 한 환자에 의해 발각되었다! 내가 자제할 수 있었겠는가? 내가 나의 환자들이 분노를 표현할 수도, 표현하고자 마음먹지도 않는 것을 보았을 때, 나는 자연스럽게 사람들이 그것을 어떻게 하는지 보여주었어야만 하지 않았겠는가? 내가 어떤 공연을 보여준 것인가? 나는 나의 그룹을 능가했어야 했고, 두각을 나타냈어야 했다. 나의 우월감을 입증해 보여야 했다. 잘난체하는 인간!

나는 스스로 자문하기 시작했다. 무엇 때문에 정신병 환자들을 위한 일을 결심하였는가? 무엇이 이 특별한 분야를 선택하게 했는가? 필요한 사람이 되고 싶다는 필요성? 지배할 수 없는 것을 지배해 보겠다는 소망? 이 사람들의 낯설고 정신분열증적 태도가 나를 매료시켰나? 우리에겐 환자가 은혜를 베풀 대상으로 보이나? 우리는 그들의 행동방식을 자신의 관점에서 해석하려 하나? 무엇이 나 자신의 갈등을 이 망쳐 버린 시간에 집착하게 하나? 아마도 결과가 다르게 나왔더라면, 나 자신의 문제가 이 작업에 영향을 끼치지 않았을 것이다. 나는 정신적 수양을 쌓아야 한다. 나는 내가 가진 문제를 바라보고 풀어야 하며 풀 것이다.

3일, 그리고 다시 3일이 지났다. 무용치료사로서의 나의 오류의 시간은 마침내 점차적으로 나 자신에게 원래 있었던 것으로 판명이 났다. 그것으로 나는 어떤 특별한 지식을 얻을 수 있었는가? 좀 더 정확히 나는 무엇을 배웠나? 나는 생각을 기록하여 정리해 보았다.

1. 22명의 정신분열증 환자들을 한 그룹에 넣어 함께 한다는 것은 불가능한 일이다. 6명이나 8명도 많을지 모른다.

2. 우선 비슷한 환자들을 한 그룹으로 묶는 것이 더 나을 것이다. 예를 들어 내향적인 환자 그룹, 접촉이 없는 환자 그룹, 접촉하려는 환자그룹 등.
   그리고 일정한 시간이 지난 후에 더 나은 효과를 갖기 위

관계성이 좋은 환자

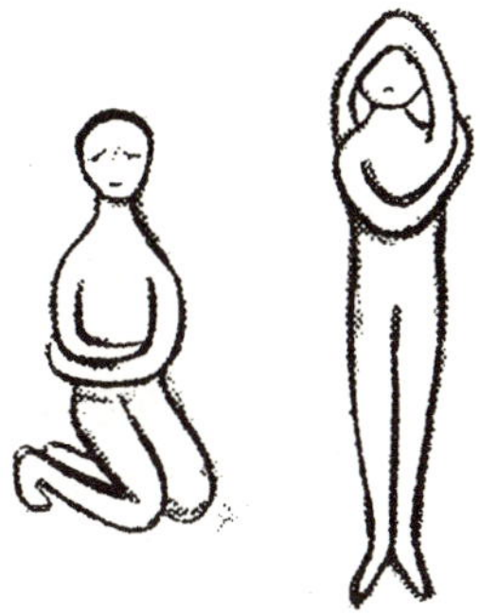

관계성이 낮은 환자

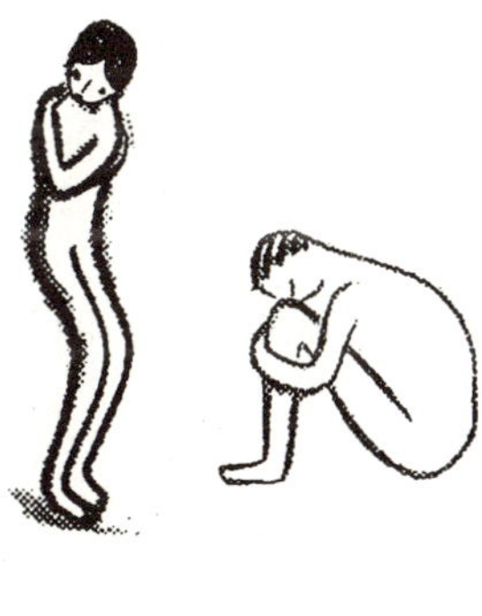

고립된 환자

과잉 충동 환자

환자의 그룹화

해 이 그룹들을 다시 섞는 것도 가능하다.

3. 개인적인 관심을 필요로 하는 환자들은 눈에 띄게, 적대적이면서, 애정에 굶주린 행위로 그들 스스로 방해한다. 나는 개별적인 작업을 해야만 한다. 그들 자신이 수용되었음을 느끼고, 집중된 주의가 더 이상 필요하지 않을 때까지.

4. 이것은 아마 접촉할 수 없거나 폭력행위를 좋아하는 환자들에게도 해당되는 일일 것이다.

5. 환자들이 입은 옷차림은 불편하다. 남성들을 위한 운동복과 여성들을 위한 더 편안한 복장을 제안할 것이고, 그것은 중요한 차이가 있을 것이다.

이제 나 자신의 태도로 돌아와서, 환자들이 나에게 무엇을 가르쳐 주었는가?

1. *나는 유연해지는 것을 배워야 한다.*
   사람들을 내방식대로 너무 신중히 계획했기 때문에 환자들의 급작스러운 태도에 당황했다. 나는 그러한 일탈을 개인적인 필요의 긍정적인 표시로서 받아들여야 한다. 환자들의 이탈에서 새로운 주제를 전개시켜 나갈 수도 있을 것이다. 그럴 때의 나의 동의는 그 세션에 부여된 목표의 과제가 아니라, 단지 하나의 우회를 의미한다. 내가 그들을 격려하고 보조한다면, 내가 그들의 소망에 따라 '움직임'을 양보한다면, 환자들은 내가 그들과 그들의 움직임을 시인하는 것으로 느낄 것이다. 내가 그 기회를 이용하고, 그들 자신의 움직임의 주제를 확대, 변화시키고자 노력한다면, 그것은 효율적인 세션이 될 수 있을 것이다. 마침내 움직임의 연습은 저절로 무용의 평안한 흔들기로 전환될 것이다. 지난 시간을 돌이켜 보면 나는 이러한 사실에 동의하지 않았다. 나는 그들의 수준과 만나기를 거부했다. 나는 나 자신의 선입견을 주장했고, 그들에게 어떠한 새로운 동작도 경험케하지 않았다. 나는 그들의 내적 요구를 거절했던 것이다.

2. *나는 너무 빨리, 너무 멀리 나아갔다.*
"진동을 만드세요!" 정말 현명하지 못한 요구이다. 무용가가 이해하는 진동을 보통 사람이 어찌 알 수 있겠는가. 그리고 더 말도 안 되는 것, "당신이 원하는 대로 당신의 신체를 흔드십시오." 아니다! 나는 그들이 스스로 정해야 할 것을 전혀 알 수 없는 사람들에게 결정을 요구했다. 그들은 내가 별 생각 없이 요구한 동작의 선택에 대해 어찌할 바 몰라했다.

3. 영감을 일으키게 하기 위해서 내가 주었던 연상그림에 아무도 반응하지를 않았다. 아마 그들은 바람에 흔들리는 밀밭을 본적이 없었던 것이다. 그들은 바다의 물결에 두려움을 갖고 있었다. 내게 위험이 없는 그림이 그들에겐 위협적으로 작용할 수도 있는 게 아닌가? 어째서 나는 환자들에게 연상그림을 갖게 하지 않았는가? 나는 그들에게 이렇게 물어볼 수도 있었다. "나의 움직임은 무엇을 연상시키죠?" 그것은 자기 고유의 경험에서 반응할 수 있는 것이 아닌가? 그것은 나의 자극에 수동적으로 종속되

는 대신, 자기 자신의 주도권에 의지하여 능동적으로 참여하는 자세를 그들에게 불러 일으키지 않았겠는가? 그 외에는 모든 개인적인 생각, 연상은 내게 그의 존재에 대한 가치 있는 해결책을 제시해줄 수도 있었다. 혹, 자기 자신에 대해 아는 것이 치료에 도움을 줄 수 있는지 누가 아는가!

4. 감정을 조심하라!
내가 분노를 표현하도록 요구했을 때, 나는 이해를 하지 못하는 시선과 다양한 반항의 표시와 마주쳤다. 이제 나는 수년 동안 자신의 감정을 누르거나 억압한 사람들에게서 그 감정을 표현하기를 기대하는 것이 얼마나 단순한 생각인가를 알았다. "나는 분노하지 않아요. 분노한 적도 없고, 결코 분노하지 않을 것입니다!" 이 말은 충분히 효력있는 말이었을지도 모른다. 그러나 다른 한편, 이 억압된 감정을 겉으로 표현하는 것이 얼마나 중요한가? 문제는 단지 "어떻게?"인 것이다.

나는 이제 고백해야 겠다. 나는 환자들에게 나의 방식대로 느끼고, 나의 방식대로 표현하기를 요구했다. 나는 춤추는 작은 독재자로 뽐냈던 것이다.

내가 다시 병원으로 돌아간다면, 나는 환자의 필요에 동의하고자 노력할 것이다. 그리고 나는 매우 천천히 작업할 것이다. 100년을 가진 것보다 더 천천히, 나는 고집을 세우고 권력을 휘두르는 대신 솔직하고 유연해져야 한다. 나의 과잉으로 그들을 침묵하게 하지 않을 것이다. 또 나의 극적인 열정으로 그들을 쇼크주지도 않을 것이다. 나는 그들에게 자유로와지라고 요구해서도 안 된다. 그들이 이 자유에 대해 두려움을 가지고 있는 한……

나는 내가 방금 쓴 것에 깜짝 놀랐다. "내가 병원으로 돌아간다면…" 이 말은 내가 결심을 바꿔, 장거리 통화를 아끼려는 것처럼 보인다.

한 가지 문제가 아직 풀리지 않은 채 남아 있다. 어떻게 환자들의 감정표현에 대한 반감을 극복시킬 수 있겠는가? 그들은 분노를 고백하기를 거부했다. 그 단어가 위협적인 것 같았다. 이러한 감정을 호명하지 않고, 어떻게 그들의 억압된 감정을 불러 일으킬 수 있겠는가? 단어를 이용하지 않으면 안 되는가? 단어대신 행동을 넣으면 어떻겠는가? 감정을 표현하는데 동작, 긴장, 자세를 이용할 수도 있을지 모른다.

예를 들어, 한 사람이 갑자기 호흡을 정지한다, 고함친다, 어깨를 높이 치켜세운다, 눈을 치켜뜬다, 물러난다, 경직된다. 그렇게 하면, 갑작스러운 공포를 감지할 수 있지 않겠는가?

그리고 우리는 사람이 마음을 터놓고, 환호하며 그의 긴장을 이완할 때 숨을 유연하게 쉬고 발을 쉽게 미끄러지듯 걸을 때, 신체가 무엇을 말하는지 알 수 있지 않겠는가? 이런 방식으로 편안함, 기쁨을 표현하고 알아낼 수 있지 않겠는가?

이제 내가 분노의 감정을 일으키려 한다고 가정해보자. 화를 내면 두드린다. 나는 두드림을 사용할 수 있다. 사람들은 권투를 하고, 발을 딛고, 치고, 할퀴고, 잡아당기고, 찌르고, 야유한다. 한 환자의 신체가 그러한 형식의 분노를 반복한다면, 무슨 일이 일어나겠는가? 그것을 억제해야 할 필요성에도 불구하고 감정을 불러 일으키지 않을까?

환자의 신체가 그를 감정으로 이끌 수도 있는가? 그것에 대해 생각하는 것은 흥미 있는 일이다. 그러나 그것은 그렇게 놀랄만한 일은 아니다. 인간의 정신 상태가 신체에 의해 항상 표현되는 것은 아니지 않는가? 거꾸로 신체적 경험이 우리의 정신 상태에 영향을 줄 수 있는 것 아닌가? 정신이 먼저냐, 신체가 먼저냐 하는 문제는 중요치 않은 것 같다. 존재의 두 상태는 서로 영향을 주고 보강된다.

정신상태	신체경험	신체경험	정신상태
우울증이 전달된다	처진다	처짐이 전달된다	우울증
행복한 감정	내적 도약	내적 도약	행복감
신경질을 일으킨다	긴장	긴장을 일으키다	신경질
냉정함을 가진다	거절	거절한다	냉정함
온정	안정	안전	온정(온화함)

환자들의 정신적 혼란상태가 그들의 신체적 혼란에 반영되었는가? 그리고 그들의 신체적 혼란이 정신적 혼란을 강화시켰는가?

물론 이 예들은 너무 단순화되어 있다. 모든 감정은 다양한 방식으로 표현되어질 수 있다. 그러나 한 감정의 신체적 표현 방식은 우리에게 존재하는 같은 표현 요소에 기초를 두고 있지 않은가? 리듬감 있는 표현, 태도, 형식, 동작의 실시, 긴장의 정도, 공간 감지 이러한 요소들이 공통의 주제를 구성하고 있다. 개개인은 이 주제를 사적인 형식으로 변화시킨다. 변인은 개인적인 것일지도 모르나, 우리는 그 바닥에 있는 잘 알려진 요소를 알 수 있다. 그것들은 인간이 가지는 의사소통의 기본, 즉 기초 토대이다. 또한 그것들은 보편적이며, 인간의 표현자체이다.

그러나 첫 번째 날 병동에서 이해할 수 없는 표현 양식을 보았다. 정상적으로는 새로운 자극이 영향을 미치면 인간의 표현은 변하게 마련이지만, 그들의 목소리와 움직임은 다른 성격을 가지고 있고, 신체는 다른 감정을 명령하였다. 환자가 자신의 주위에서 일어나는 일에 아랑곳하지 않고, 유일한 행동 양식만을 되풀이하며, 유일한 감정만을 표현하는 것을 보는 것은 끔찍한 일이었으며, 모든 새로운 경험 앞에서 자물쇠를 채우고 있는 것 같았다.

더욱 이해할 수 없는 것은 하나의 신체에 두 가지의 영구히 고정된 것 같은 표현 방식의 모습이다. 거기엔 매우 가볍게 병동 안을 뛰어다니며 슬픈 얼굴을 한 남자가 있었다. 그리고 나와 주위에 있는 다른 사람과 싸우고 싶어 하는 강한 미소를 띤 부인이 있었다. 여기서 상호관계가 어떻게 이루어지는가? 사람이 슬프면 뛰지 않고, 사람이 행복하면 때리지 않는다. 그렇다면 그들은 도대체 그것을 어떻게 하는가?

분리와 일치
신체는 분리될 수 있는가?

행하고자 하는 것을 신체는 아는가? 나는 이제까지 내 몸의 이러한 두가지 방식의 모순된 상태를 발견하지 않았던가? 가끔씩 완전한 만족감을 느낄 때마다 종종 갑자기 오른쪽 어깨가 경직되어 치켜 세워져 고통스러운 것을 깨닫는다. 왜 이 어깨는 나의 다른 나머지 신체와 다르게 느끼는가? 왜 이것은 나의 일반적인 긴장과 일치하지 않는가?

그리고 유난히 크고 강한 목소리를 가졌으며, 움푹 들어가고 좁은 흉곽을 가진 나의 아저씨 율리히, 그의 목소리는 그렇게 적극적인 반면, 그의 전체적인 태도는 약하고 심지어 불안을 투영하고 있다. 그리고 무엇이 항상 그로 하여금 발로 노크를 하게 하는가? 그의 발은 얌전해질 수 없는가? 그의 목소리는 그의 흉곽처럼 그렇게 소리를 낼 수는 없는가? 그의 신체는 결정할 수 없는가?

동물들을 바라볼 때, 무엇이 동물의 존재를 행복하게 하는가? 나의 사냥개 "블루"가 공을 쫓아가면 모두가 그의 곁에서 질주한다. 그것은 뛰는 블루만이 아니다. 그것은 블루 안의 모든 것이 뛰는 것이다! 또한 나의 아름다운 고양이가 치장을 한다. 고양이가 치장이라니! 치장할 것은 수염 외에 다른 것은 없다.

왜 인간에게는 이러한 일치가 그렇게 어려운가? 클래스에서 무용을 하는 학생조차도 종종 다른 생각을 하고 있다. 예를 들어 회전을 할 때, 몸의 어떤 고립된 부분이 "회전"이라는 생각에 반발을 할 수 있다. 몸은 회전하지만, 발은 뒤로 질질 끌고 머리는 함께 가지 않고 어깨는 남아 있어서 숙명적인 질문 앞에 서 있는 것 같다. 회전을 할 것이냐 안 할 것이냐? 그리고 종종 인간의 신체는 동작을 실행하지만, 정신은 집에 있다. "가스를 잠갔던가?" "어제 저녁에 좀 더 나은 대답을 할 수도 있었을 텐데" "스파게티를 할 것인가, 국수를 요리할 것인가?" "주의해라. 도약할 때 넘어지지 않도록." 이미 이 하나가 아닌 몸은 비틀거리며 벌렁 넘어진다. 우리는 왜 그렇게 자주 정신을 파는가? 모든 관계에서의 불일치!

나는 충분히 정신이 신체에 미치는 영향을 언급했다. 그것은 신체가 정신에 미치는 영향과는 어떤 관계에 있는가? 우리는 우리의 생각이 신체적인 상태에 영향을 받음을 경험했다. 몸이 춥다고 말하면, 우리는 외투를 생각한다. 몸이 피곤함을 호소하면 머리는 휴식을 명령한다. 위가 비었다고 말하면 생각은 먹을 것에 관심을 돌린다. 문제는 신체가 말하는 것을 잘 듣지 못한다는 점이다. 우리가 주의 깊게 귀를 기울인다면 우리 인간들은 그러한 신경 상태가 아닐 것이고, 우리들은 그렇게 화가 나고 혼돈된 사회가 아니었을 것이다.

우리의 신체가 보내는 특급 편지를 읽을 시간만 있다면...

인간의 정신과 신체의 관계

1. 인간은 신체를 통해 드러난다. 신체는 총체적인 인간을 볼 수 있는 표현이다.

2. 정신과 신체는 계속되는 상호관계에 있어서, 내적으로 경험된 것은 신체에서 완전히 드러나며 신체에 의해 경험된 것은 내적인 자아에 영향을 미친다.
3. 사고와 감정이 이성적인지 비이성적인지, 긍정적인지, 부정적인지, 분산되어 있는지 집중되어 있는지, 받아들여지는지 배척되어지는지, 내적인 상태는 신체적인 존재로 구현된다. 내적인 상태는 신체의 태도, 방식, 리듬, 템포, 발성, 긴장과 에너지의 사용, 공간과의 관계, 변화능력에서 보여진다. 이러한 요소들이 신체의 표현방식을 결정한다. 그리고 동작과 행동의 방식에 이러한 요소들이 전례가 된다.
4. 인간은 신체를 통해 외부세계를 경험한다. 감각들은 인간에게 자기 자신의 존재에 대해 통보해준다. 감각들은 인간에게 어떻게 느끼는지, 그가 누구인지, 그가 어디에 있는지를 말해준다. 시각, 청각, 후각, 미각, 감정을 통해 인간은 세상을 경험한다.
5. 그것들이 겹쳐서 관계를 맺음으로써 정신과 신체는 하나를 이룬다. 그것들의 공동작업이 인간의 조화를 보증한다.

정신과 신체의 연관은 한 인간존재의 두 가지 측면에 의해 영향을 받는다고 가정케 한다. 정신분석학이 인간의 영적 상태의 변화에 영향을 미칠 수 있다면, 그것은 동시에 그게 해당하는 신체적 변화도 일으켜야 한다.

무용치료가 신체 상태에 변화를 일으킬 수 있다면, 그것은 정신적 태도와 영적인 상태의 변화를 가져올 것이다.

낙원(파라다이스)

두 가지 작업방식은 전체인간의 정신과 신체를 이해하는데 목표를 두고 있다. 정신치료와 무용치료를 함께 실행한다면, 환자에게 더 많은 도움을 줄 수 있을 것이다.

나의 작업은 항상 신체의 표현에 강하게 몰두하고 또 신체의 해석을 필요로 하기 때문에, 마치 다른 사람들이 심리해석을 시도하는 것과 마찬가지로, 내가 신체의 표현 형태라는 관점에서 정신적 혼란의 영역을 관찰하는 것은 당연한 일이다. 나는 정신질환에 걸린 사람들이 혼란된 정신에 신체가 영향을 끼칠 수 있을 것이라는 나의 확신을 이 상호 관계가 증명해줄 수 있기 바랄 뿐이다. 한 환자의 신체적인 비틀림의 변화는 커다란 도전을 나타낸다. 그러나 나는 신체가 정상적으로 기능할 수 있도록 다시 그 가능성을 부여 해주고자 한다.

그런데 "정상적"인 신체란 무엇을 의미하는가? 근본적으로 나는 춤으로 "행동할" 신체로부터 무엇을 기대하는가? 신체는 어떤 모습이어야 하며, 어떻게 움직여야 하며, 어떻게 느껴야 하는가? 나는 신체에 대한 나 자신의 견해를 분명하게 해야 한다. 비교평가할 기본역할을 할 수 있는 "신체상의" 신체를 필요로 한다.

파라다이스에 있는 존재를 상상해본다. 자기 자신에 대해 기쁘게 확신하며 살고, 그의 탄생과 삶, 죽음이 일치하고, 자신의 삶을 넘어 살 수 있는 것에 대한 자신의 상, 자신의 능력에 자랑스러워한다. 그것은 완전한 상태에 있는 인간의 형상이다. 자신의 호흡에 기뻐하며, 자신의 움직임에 행복해하며, 자신의 존재와의 완전한 일치에 놀랍도록 긍정적이다. 정신과 신체가 녹아들 정도로 조직적으로 하나가 되어, 생각이 행동이고, 행동이 생각이 된다.

이 존재는 최선의 중심에서 산다. 긴장과 이완의 조화로운 관계 속에서 행동한다. 그의 호흡은 적합하며 리듬감 있게 흘러간다. 그의 신체적 상태는 균형이 잡혀 있으며, 중심에 있어 변화가 준비되어 있다. 근육들은 유연하고 동작과 에너지의 사용은 매 필요 때마다 적절하게 하고 공간에 대한 관계도 자발적이다. 그의 감각들은 주위에 의해 제시되어진 모든 것 위에 밝게 깨어 있다.

이러한 신체는 그의 가능성에 열려 있어서, 길어지거나 짧아질 수도 있으며, 넓어지거나 좁아질 수도 있으며, 커지거나 작아질 수도 있다. 또, 뛰고, 걷고, 달리고, 회전할 수도 있고, 무릎을 굽히고, 웅크리고 앉고, 누울 수도 있다. 두발로 설 수도 있고, 한 발로 설 수도 있으며 물구나무 설 수도 있다. 넘어지고, 기고, 수영도 한다. 그리고 이 모든 동작들은 다양한 성질을 가진다. 강하거나 약하게, 무겁거나, 가볍게, 능동적이거나 수동적으로 템포마다 재미를 느끼며 가장 느리게부터 가장 빠르게까지 실행되어질 수 있다. 이러한 다양성은 제한 없이 변화될 수 있으며, 어디서나 매 시간마다 인간의 소망을 충족시키기 위해서 재조직 될 수 있다.

그러한 신체는 감정을, 털어놓고 그에 상응하는 신체적 표현 형태로 전환시킨다. 화가 나면 화를 낼 수 있고, 분노하면 씩씩 소리를 내며, 기쁘면 웃고, 미우면 미워하고, 수치스러우면 빨개지고, 슬프고, 걱정스러우면 흐느껴 울고, 만족하면 느슨해진다. 고통 앞에 몸을 굽히고, 지치면 넘어지고, 흥분하면 말을 더듬고, 두려우면 경직되고, 사랑하면 녹아들고, 결정하지 못한 것에 마음 뒤숭숭해 한다. 끊임없이 정상적인 신체는 분명하게 그의 감정을 나타낸다.

감정을 완전히 표현할 때마다 이상적인 신체는 같은 비중을 차지하고, 완전한 잠재력을 내포하고 있는 출발점으로 돌아간다. 여기서는 모든 뒤틀림이나 경련이 풀린다. 너무 높이 나를 때는 안전한 땅을 찾게 되고, 경직되었을 대는 유연하게 되며, 풀어지면 연결되고, 힘을 다 쓰게 되면 다시 생기있게 된다.

마치 추와 같이 이 존재는 외부세계에 대한 반응과 자기 고유의 행동 사이에서 움직인다. 이러한 안정화 과정 내에서 감정은 완전한 신체적 표현능력을 갖게 된다. 이상적인 존재는 감정을 구체화하며 형태를 취하게 된다. 미래의 사건을 채색할 찌꺼기는 존재하지 않는다.

그러나 나의 신체와 주위에 있는 사람들의 신체를 살펴보면, 실제와 나의 생각이 얼마나 틀린지 알 수 있다. 아름다움, 변화에 대한 즐거움, 자연스러움, 행복한 일치는 어디에 있는가? 우리는 우리의 감정을 어디에 숨겨두고 있는가? 우리는 우리의 부드러움을 어느 옷장에 숨겨두는가? 우리의 공격을 어디에 묻어 두었는가? 우리는 왜 그리도 행동이 부족한가? 왜 그렇게 죄어져 있는가? 조화와 일치의 상태에서, 하나의 존재에서 무엇이 되었나? 길에서의 사람들, 농가의 사람들, 사무실의 사람들, 이웃집 딸, 가정주부, 평균의 사람들, 너와 나, 우리에겐 무슨 일이 일어나고 있는가?

우리들 신체의 혼란함과 정신병원의 장막 뒤에 숨겨진 신체들의 뒤틀림 사이에는 근본적인 유사성이 있는가? 비교할 수는 있는가? 등급으로 매겨진 차이점은 있는가? 혹은 볼 수 있고, 잴 수 있고, 이해가 가는 분명한 경계선이 존재하는가?

아마 나의 동료들과 나 자신을 살펴보면 도움이 될 것이고, 벽 너머의 사람들을 더 잘 이해할 수 있을 것이다.

우리는 어디로부터 오는가

불행한 유산

"우리는 어디에서 왔는가"

우리는 어디에서 왔는가? 바닷물에서 기어 나왔는지, 나무에서 떨어졌는지, 신에 의해 만들어졌는지, 황새가 요람에 물어다 줬는지 우리는 진화론적인 과거의 유산을 지녔다. 우리 모두가 구조의 초안에 의해 통일되어 있는데도 불구하고, 인간이란 놀랍도록 다양하게, 색깔, 형태, 크기, 정신력, 감정, 행동방식 등의 면에서 다양하게 나타날 수 있었다. 유전의 다양한 면과 주위환경과의 접촉이 유일한 개인을 만들어 낸다. 모든 사람이 고유한 존재가 되어서, 잠재력을 가지고 이 세상에 나오게 된다는 것을 아는 것이 얼마나 매혹적인 일인가.

그러나 인간이란 존재가 이 지구상에서 어떻게 받아들여지는지가 문제다. 새로운 작은 신체는 환영 받는가? 사랑받고 존중받는가? 아니면 원치 않는 것으로 거부되고 경시되는가? 모든 개인의 유년기를 둘러싸고 있는 정서적인 환경은 자아상을 만드는데 기초가 되고 있다. 이 무방비 상태의 존재가 사랑의 배려로 다루어지고, 따뜻함과 존중으로 돌봐지면 그 존재는 그의 삶의 시간을 자기 자신과의 친구로 만들 찬스를 갖게 된다. 바로 자기 자신을 사랑하기 때문에, 다른 이들을 사랑과 신뢰로 대할 수 있다. 그러나 무관심과 거부의 분위기에서 자라난 존재는 후에 자기 자신과 자기 주위를 경멸하는 기초를 갖게 된다.

우리 신체는 기쁨을 주기도 하고, 받기도 하는 끝없이 많은 가능성을 가지고 있다. 신체가 그를 수세기 동안 지배한 도덕법칙에 의해 모욕당하고, 이 법칙이 그를 죄 많고, 더럽고, 나쁘고, 위험하다고 선언하고, 쓸모없는 것으로 명명한다면 그건 정말 비극적인일이다. 육체적인 존재에 대한 우리의 자연스러운 기쁨의 제한은 매우 일찍 시작된다. "소리치지 마라" "바보같이 낄낄대지 마라" "조용히 앉아서 얌전히 있어라" "만지작거리지 마라, 그렇게 않으면 손을 묶어 두겠다" "나무에서 내려와라, 목이 부러지기 전에" 압도적인 타격은 "너는 너 자신을 부끄러워해야 한다"는 말이다. 적응하려는 필사적인 노력에서 아이는 그의 감정을 조절하기 시작하고, 자제하며, 행위를 검열하고, 통용되는 규범에 모순되는 그의 자발적이고 자연스러운 행동을 마침내 억제하기 시작한다.

모든 인생의 시기에서 우리는 한 공동체에 속한다. 그러나

사랑받는

사랑받지 않는

이 공동체는 개인이 특정한 규칙과 행동 규범을 수용할 때만, 존재할 수 있다. 거기에 덧붙여, 이러한 필수적인 기본 법칙에다가 우리는 사회와 개인의 삶과 최소한의 관련(수명에 치명적인 영향을 미치지 않는)도 가지지 않는 사회적인 행위를 요구한다. 왜 사회적인 행위는 그렇게 많은 비자연성을 요구하는가? 왜 꾸며낸 듯한 속삭임이 매력 있으며, 왜 최소한의 행동이 예의바른 행위인가? 우리가 사회 내에서 존속하기 위해서는 우리의 신체적 표현방식을 억제하고 변화하거나 거부하여야 하는가? 우리 감정을 숨기고, 큰 슬픔을 씩씩한 미소로 덮어야 하며, 큰 기쁨을 표정 없는 얼굴 뒤로 감추어야 하는가?

우리가 실제로 어떻게 느끼는지 호기심을 가진다면! 우리 신체가 거짓말을 하지 않으며, 속이지도 않고, 틀리게 행동을 하지 않는다면! 우리가 우리 자신에 대한 기쁨을 가질 자유를 갖는다면 실제의 그대로의 신체에는 어떻게 행동해야 한다는 것만 규정되어 있는 것이 아니라, 어떻게 보여야 한다는 지시 또한 부여된다. 그리고 매우 빠르게 변화한다!

언제나 우리는 놀랍도록 다양한 유행의 덫을 만들어 내는데 성공했고, 그 덕택으로 인간 모습의 다양한 부분을 가리고, 숨기고, 보여주거나 시각화 하고자 했다. 우리는 쿠션, 철사기구, 궐련, 코르셋, 장신구를 개발할 수 있는 명백한 재능을 가지고 있었다. 자연적인 윤곽을 변화시키기 위한 모든 것, 가슴은 가려지거나 보여졌으며, 둔부는 경고하듯이 내밀어지거나 평평했다. 피부는 드러내거나 덮여졌으며, 얼굴은 색깔이나 연필로 혹은 성형외과의사의 기술로 변화되었고, 발은 단검(비수) 축 위에 서 있었으며, 목은 좁은 칼라에 조였다. 어깨 길이의 머리, 한때 자랑스러웠던 머리 장식품은 이제 때때로 혐오감을 일으킨다. 얼마 전까지만 해도 남자에게 위엄을 부여했던 수염이 얼마 되지 않아 "타락한" 젊은이의 상징이 된 것은 어리둥절한 일이 아닌가?

아마 우리의 삶을 지난 수세기 동안 그렇게 유효적절하게 변화시켰던 학문과 기술의 발전을 달성하기 위해서는 우리의 감정을 계속해서 배제하는 것이 필요할 것이다. 여기서는 단지 정신적인 노력과 지적인 영향만이 성공으로 이끌 수 있다. 감정은 종종

색의 구별

성장발전을 위한 노력을 방해한다. 신체는 점점 더 필요 없어지고 결국은 약해지고 표현력이 없어지게 된다. 비행기와 자동차는 우리를 위해 달리며 기계는 우리를 위해서 일하고, 냉난방장치는 더위와 추위를 우리에게서 몰아내고, 물은 수 만개의 수도꼭지에서 흐르고, 전기 스위치로 낮은 밤이 되고 밤은 낮이 된다.

완결된 무기 시스템이 승리의 싸움을 떠맡아서 주먹은 필요 없게 됐으며, 단추 하나만 누르면 몇 백만의 강력한 효과가 나타난다. 정신적인 노력의 오랜 시간 후에 인간은 오감을 가진 신체를 잊는데 성공한다. 이러한 침체로 인해 신체는 또한 자연스러운 공격을 존속시킬 가능성을 잃고 만다. 그러나 우리의 내면에는 항상 충동성은 숨어 있다. 우리에게 내재하는 공격을 부정하고, 소리쳐서는 안 되며, 때려서도 안 되고, 환성을 질러서도 안 되고, 화를 내서도 안 된다는 강요로 교육과 교양은 우리의 감정에게 표현을 줄 가능성을 박탈하여 우리의 감정은 참을 수 없을 만큼까지 쌓인다. 매일 우리는 우리가 어디로 가는지 신문에서 읽을 수 있다.

그러나 우리 감정의 억압은 다른 방식으로 표현된다. 감정에 대한 불안 때문에 우리는 모든 새로운 경험을 차단한다.(상처받을 것에 대한 두려움) 우리는 차단하고 내린다! 우리는 구경꾼이 되어 마침내 낯선 삶의 관찰자가 되고 만다. 자기 자신의 삶에 대한 두려움 때문에 우리는 묘사하므로 만족한다. 우리는 더 이상 경험하지 않고, 단지 2차적으로 인지한다. 매일 우리는 TV속의 주인공과 여주인공에 의해 눈물을 흘리도록 감동 받고, 스포츠팬은 육상선수의 활기와 행동에 감격할 수 있고, 소파에 앉아 편안하게 함께 달릴 수 있다. 극장에서 하루 저녁동안 우리 내부에 억눌려 있는 순교자나 악당의 삶을 함께 공유할 수 있고, 연기자에 의해 연기된

공격과 힘에 경탄할 수도 있다. 우리가 조명을 받으며 움직이는 발레의 아름다움을 볼때는 무용가의 잊혀져 가는 그들의 아름답고 균형 잡힌 동작과 동일시할 수 있다. 쾌적한 시설에서 쉬면서 우리를 위해 다른 이들이 괴로워하고, 사랑하고, 미워하고, 울고, 웃고, 살고, 죽고 하는 것을 바라본다. 마치 우상처럼 거기에 앉아서, 우리의 참여정도는 기껏해야 갈채의 크기나 지속에 나타난다.…

여기서 나는 사람들과 춤을 춘 이후 나로 사로잡았던 생각을 수용하고 싶다. 우리의 큰 다양성에도 불구하고, 우리 모두에겐 공통적인 진리가 존재한다. 그것은 언젠가는(이전이든 후일이든 혹은 지금이든) 인간은 죽음에 처한다는 것이다. 신체가 현재의 형태대로 더 이상 존재할 수 없음을 우리는 안다. 하지만 우리 영혼의 활동에 관해서는 아는 것이 없다. 영혼은 계속 살아가는 걸까? 다른 모양으로 형성되는 걸까? 이동을 할까? 신이 그것을 받아들

패션의 고문

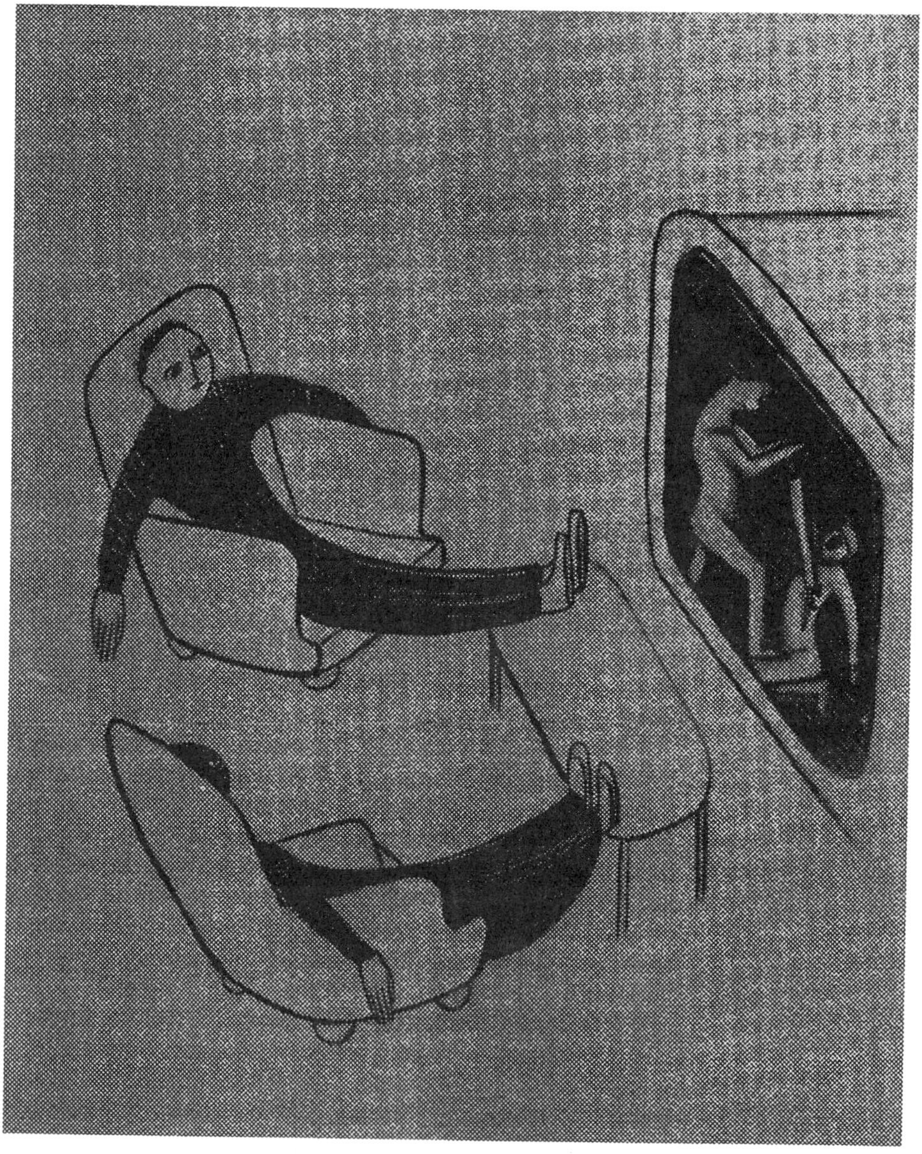

관객

이는 걸까? 물 위를 떠다니나? 나무에 앉아 있나?

우리에 의해 억압된 최종적인 결말에 대한 생각들은 "드라마"를 밀어내고자 한다. 이 생각들은 변화에 대한 두려움과 불안에 있고, 이러한 진리를 피하여 환상으로 도망친다. 어떤 자리에서나 어떤 행동에서나 인간은 자기 자신의 운명의 불안정 앞에서 두려움과 불안을 갖는다.

나는 우리 삶이 한시기에 두 가지 국면으로 살고 있다고 생각한다. 우리 존재의 유한성과 무한성. 우리 존재의 이 두면이 서로 뒤섞여 통합하며, 시간상 한정된 존재안에 영원의 입김을 가져오는데 성공한다면, 땅 위에 두 발을 내딛고 꿈을 꾸는데 성공한다면, 우리는 온전함이 될 수 있을 것이다. 완전하게 전체적으로 살아갈 수 있는 능력을 얻게 될 것이다. 그때, 우리는 "그래"라고 말할 수 있고 죽음을 이해할 수 있다.

나는 나의 환자들이 한쪽 세계로 도망쳐서, 제한되거나 일방적으로 치우치지 말기를 무척 소망했다. 아마 나의 생각은 과장되고 나의 조사는 너무 간단한 것으로 여겨질 것이다. 그러나 이러한 생각은 춤에서 이루어진다. 춤을 추는 사람은 항상 양면을 갖고 있다. 그는 공간에 있고, 꿈을 꾼다. 하지만 땅 위에서 꿈을 꾼다.

내가 춤을 추거나 춤추는 사람을 보면서, 혹은 후에 사람들을 만나면서 나는 감정표현을 충분히 하는 사람이 드물다는 사실을 알게 되었다. 신체를 존중하고, 사랑하고, 향유하는 경우는 드물었다. 기껏해야 신체는 청결하다. 가장 나쁜 경우는 신체를 두려움과 수치의 대상으로 삼는 것이었다. 털어놓을 자유와 기쁨은 사라지고, 정신과 신체의 일치는 흔들리는 토대 위에 서 있다. 일반적으로 우리는 신체에게서 고유의 권리를 박탈하게 되었다.

소리 없는 메시지
신체는 할 말이 많다

보편적인 문제의 소용돌이 속에 빠짐으로써 개인은 자신의 고유하고 특수한 세계의 영향 밖으로 나오게 된다. 다양한 관계의 만남과 충돌, 고유한 선택과 결정, 자신의 반응, 행동의 일회성은 사람들을 어떻게 만드는가? 그는 공동체의 존재에서 독특하고 단독으로 서 있다.

수많은 사람들 중에 똑같은 두 사람이 없고, 외모 면에서나 행동 면에서도 같은 경우가 없다는 사실을 상상할 수 있지 않은가? 사람들이 어떻게 걸어 다니며, 어떻게 서고 앉는가? 어떻게 쇼핑을 하고, 말하고, 기다리며, 울고, 웃고, 사랑하며, 미워하는가? 세심하게 관찰해보면, 모든 남자, 모든 여자, 모든 아이들은 각자마다의 고유한 감정으로 각자의 경험에 반응함을 알 수 있다.

내가 관찰했던 인간의 모든 신체는 고유한 사절(使節)로 발산하는 듯하다. 신체를 통해 표현되고 이러한 신체적 설명을 통해 인간이란 존재가 근본적으로 개방적인지 폐쇄적인지, 능동적인지 수동적인지, 공격적인지 방어적인지 느낄 수 있다. 사람은 반항, 적응, 거부, 긍정 혹은 무관심을 느낀다. 신체는 강한 자의식이나 자기 존중의 결여를 표현한다. 신체가 사랑을 받는지 미움을 받는

사람들이 어떻게
걷는지 보라

지 혹은 당연한 것으로서 받아들여지는지, 신체에 대한 인간의 지배적인 태도가 주위 세계에 대한 관계에 영향을 미친다. 자신의 신체와의 관계가 주위 세계와의 관계를 결정짓는다.

우리 모두는 함께 사는 사람들의 비언어적 보고에 감정적으로 반응한다. 우리는 첫눈에 사랑을 느끼거나 혹은 순간적인 반가움을 경험한다. 우리는 종종 완전히 낯선 사람과 매우 깊은 우정의 감정을 가지기도 한다. 그 감정은 너무 깊어서 우리는 마치 그의 넋이 매우 오래된 것 같은 느낌을 갖게 한다. 우리들 중 누구나가 이미 긍정적이고 부정적인 사명을 받았다. 우리 모두는 따뜻함을 가진 사람을 알고 있어서 음울한 감정전파는 사라져 버린다. 그리고 우리들 중 어떤 사람은 음울한 인상을 지어 모든 미소를 침묵으로 만들고 모든 행동을 경직하게 한다!

식탁의 식구들을 보면 생활 공동체의 고유한 분위기가 램프처럼 걸려 있다. 그 분위기는 형식적일 수도, 우울할 수도, 친근할 수도, 빳빳할 수도, 시끄럽거나 조용할 수도 있다. 식사는 걱정 속에서나, 식욕이 있거나 없는 가운데서 냉혹함, 기쁨이나 우정 어린 분위기에서 행해지거나 흡수되어질 수 있는 것이다. 식탁의 정해진 자리에 시끄럽게 앉은 아버지는 식사에 참여하는가? 아니면 신문을 읽으시는가? 누가 항상 식탁의 가족 기분을 결정짓는지, 그것은 모인 모든 사람에게 영향을 미친다. 그것은 마술도 아니며, 마법이나 요술도 아니다. 우리는 즉시 다른 사람의 파장을 느낀다. 우리는 단지 신체적 존재가 표현한 것에 반응한다.

한 무리의 사람들이 같은 상황에 있다 할지라도 다른 사람과 똑같은 신체적 반응을 보이는 사람은 없다. 그중에 어떤 사람은

식탁의 두 가족

두려움 속에서 달아날 것이며, 다른 어떤 사람은 제삼자가 공격하는 동안 좌절한다. 분노한 사람은 음울한 표정을 지을 것이고 눈을 부릅뜨거나 웃을 것이다. 그는 독을 뿌릴 수도 있고 때리거나 저항할 수도 있다. 의기소침한 사람들은 허공을 바라보거나 침묵으로 혹은 쉴새 없는 대화로 그들의 고독을 표시할 수 있다. 그들은 그들의 신체를 쇠약하게 하거나 뻣뻣하게 할 수도 있다. 한 사람이 집에서 슬퍼하는 동안 다른 사람은 밖으로 뛰쳐나가 새 옷을 산다. 행복한 기분은 눈물이나 웃음의 폭발 속에서, 속을 털어 놓거나 조용히 간직하는데서, 격정적인 동작이나 조용한 자세를 통해서 표현될 수 있다.

하지만 신체는 우리의 갈등을 밖으로 표현하고 있다. 우리는 얼마나 종종 감정의 갈림길에, 의무와 즐거움 사이에, 사랑과 증오 사이에 해야 하는 것과 하지 말아야 할 것, 정의와 불의 사이에 서는가, 우리는 얼마나 적절하게 언어로 표현해냈는가, "나는 흔들린다.", "나는 마음을 정하지 못하고 있다.", "나는 갈등에 빠졌다.", "나는 턱걸이를 하고 있다." 그렇다면 신체는 이러한 갈등을 어떻게 극적으로 표현하는가?

친구와 공놀이를 하고 있는 한 소년을 살펴보면, 엄마가 창문을 열고 "집으로 빨리 들어와라"라고 외치면, 아이는 그 자리에 선다. 엄마의 명령과 놀이 사이의 갈등이 순간적으로 그의 모든 행동을 박탈한다. 그의 신체의 처짐은 절망스러운 신음과 동반되고 마지못해 그는 달팽이의 민첩함으로(느리게) 길을 선택한다. 무거운 발은 친구들과 계속해서 놀고 싶어 반대 방향으로 갈려고 하는 신체를 끌어당긴다. 그의 몸은 갑자기 이 말을 들을 때까지 두 조각으로 나누어져 있다. "서둘러라, 수프가 식겠다!" 순간 그는 급히 떠나고, 그의 존재의 모든 부분은 수프와 명령에 완전히 일치하게 된다.

우리는 이런 순간을 얼마나 자주 경험하는가! 그러나 그 순간은 모든게 갑자기 일어난다. 전화가 울리고 엄마가 얘기하는 동안 아이들은 명령에 의한 것처럼 울고 싸우기 시작한다. 방문자가 문에서 벨을 누르고 부엌에선 우유가 끓어 넘치고 있다. 예의 바른, 분노, 걱정, 절망이 한 신체에서 차례차례 잇달아 일어난다. 얼굴은 공허한 미소 속에 경직되어 있고, 한 다리는 큰 행보로 문 쪽으로 갈려고 노력하고, 다른 한 다리는 부엌으로 갈려고 한다. 모든 방향으로 갈려고 하는 신체는 조각난 채 경직되고, 퓨즈가 끊어지려 한다! 돌이 된 신체를 가진 그 엄마를 거기에 내버려두자. 어쨌든 그녀는 그것을 해낼 것이다. 그녀는 그것을 항상 해왔다.

또, 파티에 참여하여 점점 시각이 지나가면 희비극은 시작된다. 손님들이 어느덧 새벽 3시인 것을 알아차릴 경우에 파티를 마치려는 공동의 노력 속에서 모두가 동시에 일어서서. 문으로 나가려는 경쟁이 시작된다. 가야 하느냐 머무르느냐 마음자리의 싸움이 시작된다. 무게는 한 발에서 다른 발로 옮겨지고 찬성이냐 반대냐 사이의 신경질적인 싸움, 가고자 하는 최소한의 동작으로 말하는 사람의 음성, 동작의 크기나 속도는 더 커진다. 작별이 실패가 될 때마다 그 고정은 새로이 시작된다.…

종종 2가지 감정이 신체에 똑같은 비중으로 덮쳐올 때가 있다. 그에 상응하여 신체는 두 조각이 나고, 두 면의 형상을 보인다. 이맛살을 찌푸리면서 미소 짓는 얼굴, 침착하면서 신경질적인 신체, 받아들이면서 거부하는 동작, 떨면서 공격적인 목소리. 이 모든 것의 상반되는 감정이 같은 신체 안에 동시에 있기 때문에 생겨난 표시이다.

상징적인 행위(몸짓)

친절한 어머니가 사랑하는 아이를 징계해야 할 때, 그녀의 근심어린 얼굴을 보면 사랑과 강인함이 갈등하는 것을 볼 수 있고, 징계에 반대하는 그녀의 용서하는 목소리를 들으면 또한 그 갈등을 알 수 있다. 그것은 징계인가 아니면 사랑인가?

사람들은 두 가지 감정이 한 몸에 있을 경우 쉽게 그 기호를 알아낼 수 있을 것이라고 생각할 수 있다. 하지만 셋이나 넷 혹은 더 많은 감정들이 서로 모순되게 존재할 경우, 매 표현이 어떻게 이루어질지 알아내는 것은 거의 불가능하다. 그렇게 많은 감정들이 한 신체에서 나타나고자 할 때, 하나를 제외한 모두를 제거하는 편이 더 간편하다. 그래서 많은 사람들이 한 면의 상을 나타낸다. 현재의 틀에 맞지 않는 것은 제외되어진다.

우리는 종종 특정한 시기에 특정한 목적에 도움이 되는 행위를 한다. 또한 종종 우리 내에는 우리가 본받고자 하는 이상이 형성된다. 우리는 아버지나 어머니처럼, 혹은 그들과 다르게 행동하고 싶어 한다. 결혼한 여성은 그녀의 상을 우리에게 기증한다. 선생님이나 영스타도. 우리 모두는 사업상의 변명, 굽혀진 짐꾼, 독선적인 아버지상, 걱정하는 어머니상을 안다. 회색 머리카락의 매력 있는 아내, 인내자, 속물, 주인공이 되고 싶어하는,…

그러나 이러한 단순화되고 일면적인 표현이 알려주는 것은, 사람은 그의 일변적인 진술에 만족하지 않는다는 것이다. 우리는 다면적이고 복잡하다. 우리는 나쁘면서 좋고, 영리하면서 어리석고, 우리 내에는 많은 부드러움과 거침이 있다. 우리의 이상에 맞지 않는 감정의 억제는 대답이 될 수 없다. 우리는 감정을 알아야 하고, 그래야만 우리가 어떻게 살아야 할지 결정할 수 있다.

인간이 여러 역할을 다양하게 하는 것을 보는 것은 놀랍다. 위대한 재능으로, 신체는 모든 것을 보조한다. 삶의 드라마에서 이 역할 분담은 우리를 개인적인 존재로 한정시켜 두지 않는다. 우리 사회 안에서 인간들의 각 집단은 공통되고, 신체적인 특성을 형성하는 듯하다. 이 특성에 의해 역할은 반영되어지고 사람들은 이 특성의 설명으로 함께 만난다. 쉽게 알아볼 수 있는 것은 아름다운 사람들의 고상한 품위, 히피들의 혼잡한 무질서, 군인들의 경직된 권위, 활발한 여성 단체의 열렬한 활동이다. 그리고 모든 집단의 모든 행위는 상징적인 행위로 추상화, 단순화된다. 군인의 높이 쳐든 주먹, 파시스트 인사에서 팔을 높이 쳐든 것, 십자표시의 신성한 겸손과 두 손가락으로 구성된 평화사절단.

우리들 중 다수는 삶이 우리에게 부여한 끊임없는 갈등의 해결책을 찾아낼 수 있다. 대개의 경우 시간이 가면서 저절로 분명해지기도 하나, 이상적인 경우에는 우리가 직접 우리의 결단을 내리는 것이다. 이렇게 쟁취된 입장은 마침내 우리가 선택한 행위에 대한 책임을 우리가 질 수 있게 한다. 일단 결단을 하고 나면, 두 위치 사이의 수동적인 흔들림은 사라진다. 갈등이 사라진 순간 익숙하게 우리는 우리의 균형을 되찾게 된다.

모순된 몇몇 감정은 일생동안 지속될 수 있다. 원인이 무엇인지 신체는 만성적인 문제를 지시한다. 우리들 각각은 어느 정도까지 풀리지 않은 갈등의 문제를 지니고 있다. 신체가 누군가를 피하려 했을 때나, 항상 도전적인 자세로 몸을 앞으로 구부렸을 때, 신체는 쉽게 뒤로 물러서려고 했을지 모른다. 신체는 계속해서 아래로 당기고 중력에 몸을 맡겼거나, 바닥에 가까워지는 것에 저항을 했거나 점점 위로 몸을 뻗쳤을 것이다. 신체는 천천히 그리고

그것은 이 사람들을
위한 것이다.

의식적으로 거리를 따라 어슬렁거리며 과도하게 미친 듯이 다닐 것이다. 가끔 사람들에게 볼 수 있는, 높이 올려진 어깨, 내민 가슴, 굽혀진 등, 움켜진 주먹 혹은 밀어제친 허리, 모아진 무릎 또는, 발이 구름 위나 살얼음 위를 걷는듯이, 진흙을 헤쳐 걸어가거나, 뛰어가거나 미끄러진 듯한 모습을 볼 수 있다. 열십자 모양으로 발을 딛고, 무릎은 서로 부딪히며, 발가락이나 손가락으로 소리를 내는 사람들, 긁는 사람, 문지르는 사람, 경련하는 사람, 소리치는 사람, 소곤거리는 사람도 있다.

갈등이 습관화되어 버린 표현은 신체의 유용한 기능을 방해한다. 뒤로 젖혀진 상체로 뛰는 것은 어려운 일이고, 경련을 일으킨 몸으로는 잘 싸울 수 없으며 일을 할 수도 없다. 또한, 친구와 대화를 나눌 수도 없고 움켜진 손으로는 뭔가를 줄 수도 없으며, 주먹으로 쓰다듬을 수도 없다. 조인 목으로는 말을 할 수도 없고 외칠 수도 없다. 우리가 경련을 일으키거나, 문지르거나 긁을 땐 안식이란 불가능한 것이다.

신체에 이렇게 고정되어 버린 혼돈된 감정은 신체의 자유로운 운동 능력을 감소시키고 방해할 뿐만 아니라, 삶과의 모든 새로운 만남을 퇴색시킨다. 모든 미래의 경험은 근본적으로 기능적 범주에 의해 신체의 이탈을 야기시킨 감정에 영향을 받는다. 우리는 모든 상황에서 치켜진 어깨로 있으며, 우리는 삶을 팔짱을 낀 것 같은 경험을 한다. 우리의 자연스럽고 직접적인 경험을 방해 받으며, 우리의 기대는 고정되어 버린다.

우리는 여러 가지 방법으로 우리의 감정을 억제하고, 숨기고, 경시하고, 혹사시키고, 흐지부지 뭉개버린다. 그래서 인간의 신체언어(body language)를 해독하는 것은 언제나 쉽지 않다.

내가 "신체"란 주체에 집중하자, 이러한 모든 생각이 다시 분명히 인식되었고 나의 시간, 나의 세계에 존재하며, 과거에 고정되어, 미래를 걱정하고, 현재는 잃어버리는 사람들에게 부정적인 경험이나 과거를 재인식할 수 있는 긍정적 이미지를 줄 수 있다는 생각이 예리하게 지나갔다.

그것은 부정적인 경험과 과거를 재인식하며 미래에 대한 기대에 짐을 지우지도 않고 미래에 대한 능동적인 참여에 방해를 하지도 않는 것이다.

지금까지 우리는 인간의 신체에 대해, 어떡하든지 기능하며, 어떤 기능들은 좀 낫고, 어떤 기능들은 조금 못하지만, 그래도 기능할 수 있는 인간들의 신체를 가진 사람들은 우리가 건강하다고 부르는 행복한 사람들이다. 한편의 사람들은 어떠한가? 우리 사회는 법칙과 요구에 맞추고, 다수와 같이 느끼고 행동하면 그러한 사람을 "정상"이라고 부른다. 그러나 한편의 사람은 자기만의 규칙을 가지고 타인들 속에서 사적인 그의 공간, 그의 방식, 예의 그리고 감정을 가지고 있다. 그들은 우리가 "현실"이라고 부르는 것에 관심이 없으며, 우리들은 그의 환상권 영역에 접근할 수 없다.

규범의 이탈이란 관점에서 이 사람들은 감정세계의 혼란 때문에 생겨난 세계에서 버림받았다고 가정하자. 지금까지는 그들을 사회에서 격리하는 것 이외엔 다른 어떤 해결책도 가지고 있지 않았다. 그러나 나의 생각은 우리가 그를 분리시킨 그 곳에서 그가 도망간 현실은 지배될 수도 있고 도전할 수도 있으며 심지어 즐길 수도 있는 곳이라고 그를 이해시키고자 한다. 우리가 그를 우리에게로 돌아오도록 노력하는 동안 우리는 그를 "환자"라고 부른다. 이러한 꼬리표가 얼마나 안 좋은 것인지! 나에게 그는 정신이 혼란된 상태라기보다는 오히려 매혹적인 이방인이다. 이런 입장이 내가 그를 병들었다고 여기는데 대한 다른 생각이다. 이 입장은 단지 그가 다르고, 그가 특이하다는 것만을 인식할 뿐이다. 우리는 그에게 반대편을 이해시키는데 어려움을 가질지 모른다. 하지만 나는 그의 언어와 그의 방식을 배우기로 결심했고, 누구에 의해 그의 세계가 지배되고 있는지 알기 위해서는 모든 것을 다 바칠 각오가 되어있다. 이러한 비장함을 갖고 있기에 나는 그를 두려워하지도 동정하지도 않아야 했고, 그와 동등하게 나 자신을 낮추어야 했다. 나는 그의 독특함에 존경심을 가지고 우리의 "외국인"을 만나야 했다. 그들이 누군지 몰라도 이 다른 종류의 사람들에게 나의 생각이 나의 사랑과 경의와 함께 바쳐지길 원한다.

근원적 기쁨
우리는 춤으로 가까이 간다

마리

정신병 환자들의 신체가 보여주는 괴상한 태도와 행동의 가차 없는 반복은 무시무시한 현상이다. 신뢰를 얻기 위해서 나는 이 이상한 신체적 표현 형태로 나 자신이 들어가고자 했다. 나는 환자들의 몸과 나의 몸을 연결시켰다. 내가 환자의 표현양식을 넘겨받고자 할 때, 나는 이 표현의 바닥에 있는 감정을 더 잘 이해할 수 있었고 환자의 편에서 환자들을 느끼며 이해했다.

마리는 병원에서 나의 첫 번째 개인 내담자였다. 그녀는 어렸고 검은 흑인이었으며, 크고 건강한 신체를 가졌다. 그녀는 말이 없었고 병원에서 누구도 그녀가 말하는 것을 듣지 못했으며 그것은 또한 필요하지 않았다. 그녀의 표현은 분노로 꽉 차 있다는 것을 누구에게도 의심케 하지 않았다. 마리의 쉴 새 없는 행보(이리저리 왔다 갔다 하기)는 그녀가 화가 났지만 방법상으로는 타인과 40cm의 벽의 거리를 재고 있는 인상을 주었다. 우리의 화가 난 파트너는 진귀한 그림을 연출했음에 틀림이 없다. 마리는 매우 긴 대화를 가지고 매우 빨리 길을 지나 앞으로 갔고, 나는 마치 뒤에 개가 쫓아오는 것처럼 보조를 맞추었다.

2주 동안 함께 그렇게 걸어 다니다가 나는 나의 자세를 좀 바꿨다. 환자의 주먹에 상냥스럽게 활짝 편 손을 내밀기 시작했다. 그렇게 다시 몇 주를 매일 반시간 동안 오르락내리락 하였고, 이 시간동안 마리는 나의 존재를 모르는 것처럼 보였다. 그리고 나서 어느 날 사건이 일어났는데, 그녀의 손이 이렇게 뻗쳐오더니 내 손을 잡았다. 그러나 곧 갑자기 그녀는 다시 손을 내팽개쳤다.

마리의 고독을 벗어나고자 하는 오랜 노력이 이런 짧은 접촉을 시작하게 했다. 어느 날은 친절하고 부드럽게 보였다가, 또 어느 날은 다시 딱딱하고 화가 나서 큰 걸음으로 걸어왔다. 종종 그녀는 내 손을 한참동안 잡고 있고 또 다른 때는 나의 뻗은 팔을 내팽개쳐 두었다. 이런 때 그녀는 나를 슬쩍도 다시 쳐다보지 않았다. 그러나 어느 날 그녀는 그녀의 깊숙한 눈을 밖으로 향했다가 나의 눈과 마주쳤고, 우리는 서로 바라보았다. 이 순간 나는 그녀가 나의 존재를 감지했을 뿐만 아니라 수용하고 있다는 사실을 알게 되었다. 그녀는 이렇게 말하고자 하는 것 같았다. "나는 너를 알게 되어 좋아. 네가 나와 똑같이 함께 걸을 수 있어? 위로 갔다 아래로 가기, 위로 갔다 아래로 가기…"

나는 이제 그녀의 침묵하는 동의로 계속 나아갈 수 있었고 점차로 억제된 그녀의 행동에 새로운 영역을 부가해 줄 수 있었다. 우리는 걷는 놀이의 모든 가능한 종류를 다 해보았다. 누가 걸으면서 배를 내밀 수 있는가, 입을 크게 벌리고, 혹은 입술을 꽉 다물고, 네발로 그리고 뒤로 걸어갈 수 있는가, 그리고 누가 가장 느리게 걷는가, 누가 더 이상 걸을 필요가 없는가, 누가 조용히 멈출 수 있는가, 적어도 우리 사이에서.

어느 날 아침 그 시간이 지난 후 우리는 둘 다 거칠게 숨을 쉬면서 바닥에 떨어져 서로 노려보았다. 우리는 서로 더 이상 다가

오지 않았다. 나의 말 없는 파트너는 여전히 말이 없었다. 이 예측하기 어려운 침묵은 참기 힘들었다. 그래서 내가, "마리 너는 아니, 나는 무척 외로워" 그녀의 커다란 갈색 눈이 커졌다. 기적과 같이 오랫동안 잠겨 있던 거친 목소리가 내게 다가왔다. "외롭다고, 트루디?" 그리고 나서 나는 몸을 구부려 그녀를 안았다. "그래 마리, 고마워." "그래, 트루디" 그리고 마리는 웃었다. 그것은 한 달의 작업 뒤에 마침내 다른 사람과 같은 세계에 들어오게 된 큰 경험이다.

우리의 작업이 끝없이 길어질 것 같았던 시간이 성과를 보였다. 그녀의 억압된 행동과 스스로 강요한 침묵에서 자유로워져 마리는 이제 그룹에 들어올 수 있게 되었다.

마리의 갑작스런 출현은 한 그룹에서 그렇게 빨리 가능하지 않을지도 모른다. 다수의 환자들, 즉 자신의 행위에 틀어박힌 사람들은 정말 진심으로 함께 있는 사람의 말을 원한다. 그들의 비밀을 함께 나눌 사람의 말.

내가 단 한 사람과 있다면, 그가 그렇게 필사적으로 원하는 마음을 선사할 수 있다. 그는 주위세계를 적대적으로 느끼기 때문에 그는 스스로 고립시켜 버린다. 그는 많은 것을 주장하지 않는다. 그의 억압된 행동으로 방해도 하지 않았고, 그는 단지 그의 내면의 파트너와 그의 신들이 그에게 하도록 강요한 일을 한다. 그러나 이 둘을 위협하는 경우도 있다. 환자는 도와주는 사람의 관심이 자기에게로 집중될 때, 위험하게 노출되었다고 느낄지도 모른다. 이런 시간들은 너무 진지해지고 너무 임상적으로 될 수 있다. 그러나 이 시간들은 종종 치료가 되며, 이 치료에서 치료자는 신중히 호전되기를 기대한다.

그룹과의 작업은 내게 가장 큰 기쁨을 주었다. 바로 이 그룹에서 이러한 문제가 해결된다는 것은 얼마나 멋진 일인가! 그룹은 각 환자에게 적절한 템포를 전개시킬 수 있도록 허락했다. 전 클래스에 주어진 흥분에 즉시 반응해서는 안 되었다. 또한 한 그룹에서 모든 구성원이 동시에 억압받고, 무감각하거나 흥분되는 경우는 드물었다. 그래서 작업은 여러 가지 가운데서 항상 새로운 자극을 찾는다. 그룹은 실제적인 삶의 상황을 표현한다. 몇몇 구성원은 치료자와 함께 가족이 되고, 소속감을 전개시키며, 책임을 질 준비가 된다. 동료 환자들은 수동적인 사람이 공동 작업을 할 수 있도록 격려하고, 흥분된 사람을 가라앉힌다. 나는 매우 격분한 남녀들과 종종 작업을 하는데도 불구하고 두려움을 가질 필요가 없다. 그룹이 나를 지켜주기 때문이다.

또한 이 공동체에 의해 치료자는 모든 환자들에게 나누어지며, 너무 밀접한 연결 관계에 대한 위험은 본질적으로 줄어든다. 마침내 그룹에서 개개인은 타인을 통해, 자신의 문제와 홀로 있는 것이 아니라는 것을 알게 된다.

유머

특히 그룹은 아이들과 같은 놀이의 분위기를 가능하게 한다. 몇몇 경우는 힘들지 모르지만, 웃으며 놀 수 있는 사람이 최소한 한 명은 있었다. 유머는 사랑에 찬 감정에 기본을 두고 있고, 사랑과 이해를 전제로 한다. 유머는 상처 입히지 않으며, 그의 대상과 함께 느낀다. 정신 병원의 침울한 분위기에서 정상적인 반응을 만난다는 것, 갑작스러운 웃음의 폭발은 정말 멋진 일이다. 환자의 인상을 유머러스하게 표현하는데 성공하면, 환자는 그 자신에 대

나는 유머를 가지고 실제 예로 설명한다.

한 사랑스럽고 즐거운 상(相)을 본다. 그것은 그를 화나게 하지 않는다. 이유는 그가 받아들일 수 있는 방식으로 그가 묘사되어지기 때문이다.

춤으로 가기

춤은 항상 병들거나, 어지러운 상태의 사람들에게도 존재하고 있는 인간 본성의 건강한 면을 다룬다. 우리들 누구나가 우리의 신체가 자신의 기쁨 속에 살았던 때를 기억한다. 움직임(동작)에 대한 원초적인 기쁨은 춤에서 아마 가장 강력한 형태로 살아 있을 것이다. 춤의 세계를 경험한 누구나, 신체가 우리에게 얼마나 많은 기쁨으로 정신적인 상처를 치료하려 하는지를 느끼게 한다. 그것은 내가 사람들에게 자기 자신의 신체에 대한 새롭고 긍정적인 감정을 전달시키기 위해 노력함으로써 가능할 것이다.

인간 신체의 기능적인 능력은 거의 제한되어 있지 않다. 이 신체에 외부적인 간섭이 없는 한, 우리 모두는 젖먹이 때부터 어린 시절을 거쳐 성장기, 노년에 이르기까지 춤을 춘다. 나는 환자들에게 이러한 성장단계의 발전을 경험케 하고자 한다. 환자가 기고, 뒹굴고, 구르고, 흔들고, 던지고, 잡고, 건네주고, 껑충껑충 뛰고, 높이 뛸 때, 그는 스스로를 경험하고 세계를 경험한다. 환자가 움직임의 기본 주제를 실행하는 동안, 아마 그는 처음으로 그가 누구인지 알게 된다. 그는 기고, 뛰고, 달리고, 웃고 혹은 우는 이러한 신체가 그 자신에게 속함을 파악하기 시작한다. 어렴풋한 신체의 상(相), 그림이 윤곽을 드러내기 시작한다. 우리는 춤에 가까워지는 것이다.

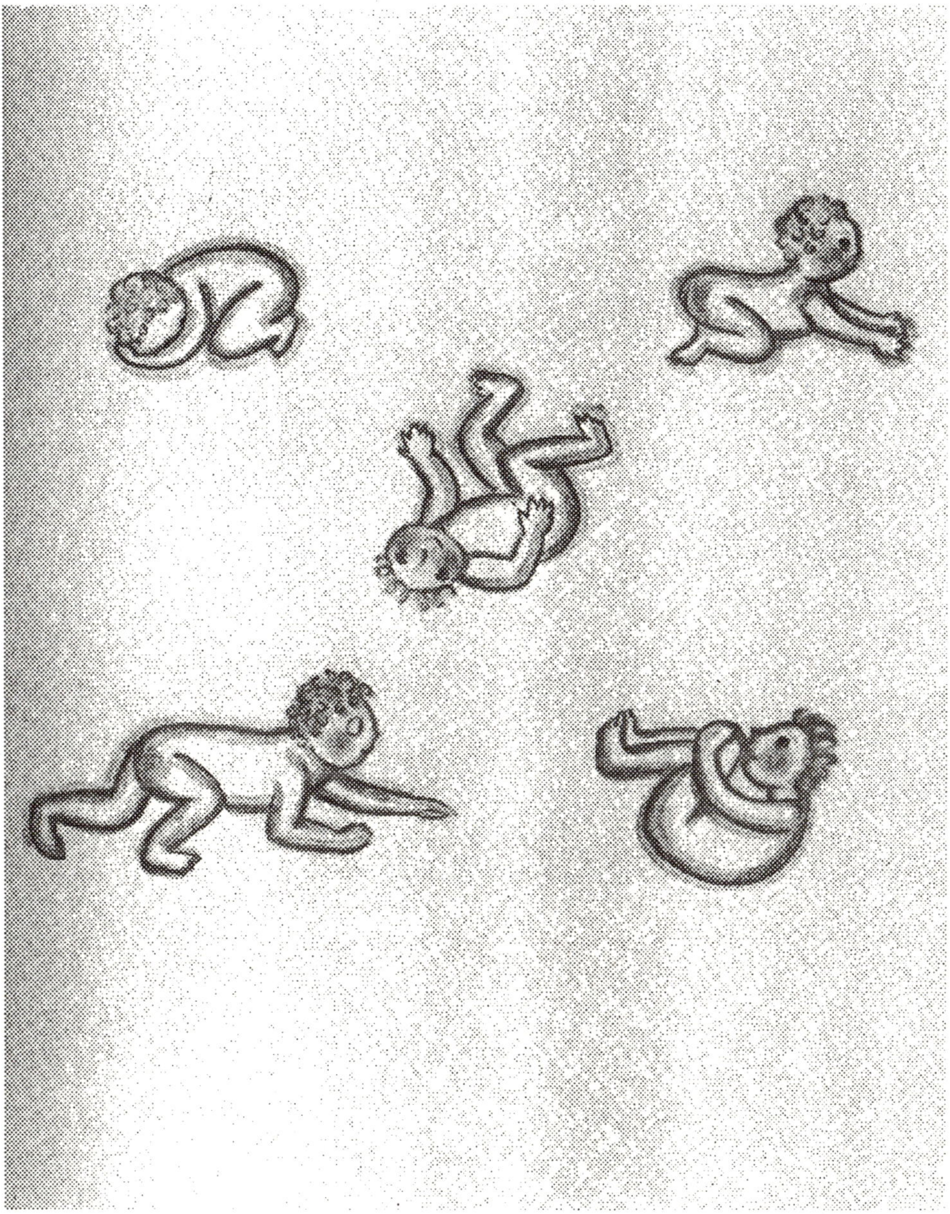

어린 시절의 움직임

제 2 부

움직임의 요소

Note : 신체를 통해 묘사되는 인간의 표현은 심리적 평가의 근원이 된다. 신체 정렬, 중심성, 긴장, 리듬, 공간의 사용과 같은 움직임의 기본 요소들 및 그와 연관된 모든 양상들이 결합하여 신체-표현을 창조해낸다. 이런 구성요소들이 동시에 작용하여 꼼짝할 수 없이 하나로 뒤얽혀 있기는 하지만, 동작의 분석을 위해서 분리시키고자 한다.

호흡
동물들만 숨을 쉬는가?

나는 모든 것과 연결되어 있는 존재의 면을 언급하지 않고는 동작의 요소에 관한 나의 생각을 시작할 수 없다.

숨쉬기! 첫 호흡으로 삶에 들어오게 되고, 그의 마지막 호흡은 다시 그를 데리고 나간다. 그리고 그 사이에 그가 사는 방식은 그의 호흡에 영향을 끼치고 그가 숨쉬는 방식은 그의 삶에 영향을 미친다.

이러한 숨쉬기란 얼마나 멋진 일인가! 우리가 공기를 들이마셔 다시 그것을 내뿜을 때, 리듬감 있는 균형 속에서 마셨다 내쉬었다 할 때, 우리는 조화로운 일상 속에 파묻혀지고 우리는 균형을 유지한다. 우리는 너무 꽉 차 있거나 너무 비어 있다. 호흡은 우리의 감정과 행동을 제휴하고 있을 뿐만 아니라 호흡은 인간의 표현 그 자체이다.

숨쉬는 문제는 여러 가지 형식을 취한다. 숨을 짧게 들이 마시면 그것은 작고, 경련하는 한숨으로 들린다. 그리고 그 뒤에 거의 알아차리지 못할 정도로 내쉬는 숨이 뒤따른다. 많은 사람들이 단지 계속 살아갈 수 있을 정도만큼의 공기만을 마신다. 다른 사람들은 그이 가슴을 많은 양의 공기로 가득 채우고, 그래서 종종 한

번에 전체(공기)를 다시 내보내기 힘든 것처럼 보인다.

숨쉬기를 잊은 사람도 있고, 깊게 숨쉬기를 하지 않아 창백한 피부색을 가진 사람도 있고, 기계적인 동작을 보이는 호흡이 부족한 사람도 있다. 사람이 소리를 내거나, 울거나, 노래를 부르거나 말하는 방식이나 방법이 그의 상태가 어떤지, 거의 소리가 없는 것에서 가장 큰소리까지 증대될 수 있다. 호흡은 가장 높은 색조에서 가장 낮은 색조까지 움직일 수 있으며, 길고 혹은 짧은 반복에서 전기가 방전하듯이 방출한다.

크게 보아서 호흡은 완전히 인간적인 표현에 속한다. 우리가 쉿쉿 소리를 내며 야유하거나, 천둥이 울리듯 화를 내거나, 고함을 지르거나, 환호하거나, 속삭이거나, 헐떡이거나, 코를 골거나, 날뛰거나, 한탄할 때, 우리가 우스워 몸을 흔들거나 흐느낄 때, 인간에 의해 표현된 모든 것에 호흡은 우리 존재의 표현에 기본적인 부분을 차지한다.

나는 재생연습으로 숨쉬기를 잊은 사람들을 다시 살리기 위해 노력한다. 가장 기초적인 연습은 환자가 배를 대고 엎드리게 하여, 그들의 평평하고 거의 보기 힘든 호흡을 관찰했다. 그들의 등과 갈비뼈에 부드럽게 손을 대어 그들의 거의 느낄 수 없는 리듬을 쫓는다. 조심스럽게 조금씩 내쉬는 숨을 깊게 할 수 있다. 공기가 갑자기 자발적이고 소생시키는 부압을 가진 진공상태로 흘러 들어가기까지.……

생각해 낼 수 있는 모든 방식으로, 모든 호흡 연습을 찾아보면 셀 수 없이 많이 있다. 다양한 호흡방법의 도움으로 나는 의식적으로 호흡을 경험케 하고자 했다. 우리는 우리가 걸려든 숨가쁜 쫓김을 알고 있다. 우리는 이러한 호흡을 통해 불안과 공포, 공허함, 과잉 또한 부여된 힘의 기쁨을 경험한다.

다시 묻겠는데, 신체가 호흡을 못하게 되면 왜 불쾌하게 되는가? 우리는 고동치는 가슴을 잠재우려 하고, 얼굴이 빨개지고 관자놀이의 혈관이 부어오를 때까지 톤을 억누른다. 우리가 침착을 잃지 않았다는 것을, 죽지 않았다는 것을 증명하고자 하는가? 단지 동물들만 숨을 헐떡거려도 되는가? 단지 동물들만 거칠게 숨을 쉴 수 있는가?

나의 내담자들이 숨쉬는 공기가 상쾌한 박동으로 신체로 들어갔다, 나왔다 하며 리드미컬하고 상쾌한 경험을 하게 될 때까지 뛰고 또 뛴다면! 그들의 뺨이 빨개지는 것만큼 그들의 기분이 좋아진다면! 그들과 함께 "호흡-행동-동작-톤-소리-음향-언어"의 통일을 다시 찾아내는 것이 나의 큰 관심사이다. 나는 '그래요', '아니요', '아하'를 형상화 해낼 시간을 생각한다. 행동과 호흡이 이상적인 방식으로 결합되는 시간을 생각한다. 행동과 함께 가고, 모여서 에너지를 내게 되는 시간. 기적처럼 나의 환자들의 길게 여운을 남기는 소리가 깊은 곳에서 울리고, 그들의 움직임은 전체적으로 경험 할 때 꿈과 같이 유연해진다.

이런 호흡이란 얼마나 위대한 발견인가!

자세
관점을 가진 신체

우리가 우리의 신체를 가지고 돌아다닌다.라는 사실은 우리가 땅위에 서 있다는 것만큼 특색이 있다. 우리들이 행동하는 방식, 우리 존재의 긍정성을 표현하는 방식은 이상적이고, 그것은 기능적인 자세, 우리가 반응하고 행동하며, 중립적이고 깨어있는 태도를 실현한다. 그것은 적응력이 있는 선택과 결정이 준비된 신체, 관심을 가진 신체이다.

인간의 자세는 곧은가, 젖혀져 있는가, 구부려져 있는가, 신체는 바닥에 붙어 있는가, 아니면 구름에 떠다니는가, 신체는 자신의 발로 설 수 있는가, 신체는 기대야 하는가, 신체를 전체로서 느끼는가 아니면 부분적으로 느끼는가, 신체는 서로 연결이 되어 있지 않은가, 신체는 자기 자신의 어떤 부분을 숨기는가, 신체는 어떤 것을 자랑스러워하는가.

이상적인 신체란 똑바로 서 있는 것이다. 머리끝부터 발끝까지 수직을 이루어서. 몇몇 부분은 전체구조에 종속되어 있는데 유연성이 있는 척추는 모든 자세에 동작성, 지지성, 균형을 부여한다. 무게는 중심에 맞게 배분되어 있으며, 어떤 한 부분에 압박을 가하지 않는다. 내부기관, 순환계, 호흡, 음성은 자유롭게 기능을 수행한다. 그런 자세는 별로 힘들지 않으며, 에너지가 헛되이 소비

되지 않는다.

우리가 자세에 바쳐야 되는 시간에 나는 이론적인 목적을 위해 춤과 체조로 고안된 훈련을 이용하였다. 우리는 바닥에서, 벽에서, 막대기 앞에서, 거울 앞에서, 두 사람이 혹은 그룹으로, 음악과 함께 또는 음악 없이 우리 자신의 소리를 내어 혹은 조용히 작업한다. 직립된 자세로 일하는 데는 많은 가능성이 있다. 몸의 움직임 훈련을 하는 사람은 내적인 태도가 외적인 자세를 통해 나타난 것을 경험할 수 있다.

나는 환자들의 신체를 먼저 조화를 이룬 등급으로 끌어올리고자 강요하지는 않을 생각이다. 그들 중 많은 수가 끊임없는 독창력으로 가장 진기하고, 기이하고 비기능적인 자세를 극복한다. 그래서 나는 그들이 서 있는데서 시작한다. 가장 나쁜 방식의 걸음걸이를 가진 우리 그룹은 가능한 모든 과장된 자세와 포즈를 취한다. 우리는 엄숙하게 공간을 산책하고, 발을 벌려 걷기도 하고, O자형 다리로, X자형 다리로 걸었으며, 아장아장 걷기도 하고, 흔들기도 하고, 총총 걸음으로도 걷는다.

허리부분을 끌어들이기도 하고 배를 내밀어보기도 한다. 우리는 서로 다양한 자세를 보이고, 그 자세에서 옳은 방향을 찾을 수 있다. 나는 그들을 모방하고, 그들은 나의 신체와 다른 사람들의 신체를 모방한다. 병원의 의사들, 집안의 친척들, 간호사들 모두가 순서가 되고, 모두를 자세히 관찰한다.

때때로 나는 끔찍하게 부자연스럽고, 뒤틀린 자세를 나의 세션에서 해 보이고, 나의 자세를 고쳐줄 것을 누군가에게 요청하면 한 용기 있는 사람이 나선다. 그는 비평자로 나의 비틀리고, 기괴한 포즈를 관찰하고 나서 나의 어깨를 아래로 누르고, 나의 굽은 다리를 바르게 펴고, 상체를 위로 세우고, 골반을 다시 밀어 넣고, 머리를…, 무릎을… 나는 그가 쉽게 하도록 내버려 두지 않는다. 단지 잠시만 수정된 자세로 머물러 있다가 즉시 다른 우습고 기괴한 모습으로 변화시킨다. 그가 절망하기 전에 거의 항상 다른 환자들이 그들의 "선생님"을 도우러 온다. 그들은 이제 하나가 되어 나를 더 나은 형태로 만들고자 한다. 나를 이리저리로 잡아당기고, 바르게 되도록 주무르고, 흔들고, 누른다. 마침내 나는 양보하고, 점차로 조화를 이루어 갔다. 내가 할 수 있는 한.....

그들은 고개를 끄덕이며, 자신과 나에 대해 만족하는 것 같았다. 그리고 나면 돌아가는데, 얼마나 우스운가! 그들의 신체상은 어디에 있는가? 그들은 나의 신체가 올바르지 않다는 것을 보았다. 그리고 그들의 신체는?

그런 시간에는 많이 웃었다. 먼저 나와 나의 우스운 자세에 대해 웃고 그리고 나서 그룹의 다른 사람들을 보고, 그리고 마침내 자기 자신에 대해 얼마나 놀라운지, 웃음은 그쳐지지 않는다. 아니, 함께 웃는다!

죠니

죠니의 반응은 내가 자세와 관련하여 얻은 가장 인상적인 것이었다. 그는 매우 심각하게 방향감각을 잃은 환자였고, 나의 그룹에 들어온지 몇 달이 지나고 나서도 별 다른 변화를 보이지 않았다. 직립해서 가는 것에 투자한 시간들과 환자들이 유용한 걷기의 상을 숙달하게 만들기 위해 애썼던 나의 노력이 헛수고로 돌아가는 것 같았다. 그는 걸어갈 때 항상 임신부처럼 몸을 뒤로 기대어 움직여서 매번 쓰러질 것처럼 보였다. 단지 앞으로 향한 그의 머리만이 무게 이동을 조정하려고 움직였다. 뻣뻣하고 열정적으로 곧게 각도를 준 발로 그는 분열행진의 보폭으로 움직였다. 그의 팔들은 자기 의지가 없는 것 같았다. 팔은 축 늘어진 채 매달려 있고 힘없이 아래로 향해 있어, 그의 정열적인 걸음걸이의 힘은 공중으로 던져졌다.

어느 날 나는 환자들의 걸음걸이를 필름에 담기로 결심했다. 보조자가 카메라를 설치하는 동안 나는 환자들에게 나의 의도를 설명했다. "오늘 우리는 영화를 찍으려고 합니다. 참여하고자 하는 사람은 함께 할 수 있어요. 다음 주에 우리는 그것을 모두 함께 볼 거예요. 우리는 여기에서 저기로 걸어갔다 다시 돌아오면 돼요. 차례차례. 누구나 완전히 자유롭게 자기가 걷던 방식대로 자기가 하고 싶은 데로 걸으면 돼요."

그런데 놀랍게도 가장 접촉이 적은 환자들 중 몇몇이 갑자기 경쟁하는 스타의 주역들처럼 행동하는 것을 볼 수 있었다. 자연스럽게 해달라는 나의 요구에도 불구하고, 모두가 카메라에 훌륭하게 보이기 위해 노력했다. 그런데 이상하게도 그들이 바르게 걷기 위한 눈에 띄는 노력이 그들 자신의 이상한 비틀린 걸음걸이의 과장으로 그들을 이끌었다. 나는 매료되어 멀리 앞으로 뻗은 턱과 고통스럽게 구부러진 척추, 흔들리는 팔, 위로 내민 흉부, 질질 끄는 발이 영화 필름에 담기는 것을 보았다. 그리고 죠니에 관한 그의 비일상적인 걸음걸이의 모든 상세한 점이 두드러지게 표현되었다.

한 주가 지난 뒤 우리는 필름을 보았다. 자신의 걸음인 것이 분명한 증거에 대한 죠니의 반응은 직접적이고 폭발적이었다. 그

죠니

는 나의 손을 잡고 외쳤다. "아니에요, 저건 내가 아니에요. 나는 저렇게 걷지 않아요. 오, 하느님 저건 너무 끔찍해요!" 필름을 다 보고 나서 그는 걸으려고 하지 않았다. 그의 눈이 그를 처음으로 속였을지도 모른다는 희망을 가지고서 다시 한 번 보고자 원했다.

다음 날 아침 그가 세션시간에 들어왔을 때, 죠니는 충격을 받은 것처럼 보였다. 그러나 그가 변화를 쟁취하기로 결심했다는 것은 분명했다. 그리고 기적이 일어났다. 14일이 지나고 나서 새로운 죠니가 나타났다. 그는 똑바로 섰다. 두 발을 확실히 바닥에 대고, 죠니의 자의식과 그의 삶에 대한 입장은 아주 현저하게 그의 신체 자세를 변화시켰다.

나는 죠니의 깜작 놀랄만한 변화가 그의 생애 처음으로 움직이는 자신의 전체 모습을 보게된 데 기인한다고 생각한다. 자세의 교정에 투여된 많은 시간들이 관계가 없을 지라도, 그의 내부에서 그 시간들이 남긴 어떤 것이 자극을 주었음이 틀림이 없다. 그렇지 않다면 그는 그 차이를 볼 수 없었을 것이고, 변화시켜야 할 필요성도 인식하지 못했을 것이다.

죠니의 변화가 필름에 담긴 자신의 걸음걸이를 관찰함으로써 일어났다는 사실에서 독특한 어떤 점이 있다. 걷는다는 것은 가장 보편적이고, 인간의 이동방식 중 가장 자연스러운 것이다. 신체상 장애가 되는 것을 제외한다면, 우리 모두는 걸을 수 있다. 단지 어떻게 걷는가이다. 사람이 걷는 방식은 그의 지문만큼 독특하다. 어떤 동작에서도 그의 내적인 태도가 그렇게 분명하게 드러나지 않는다. 어떤 다른 방식도 그렇게 시사하는 바가 많게 정체를 털어놓지 않는다.

중심

중심
한 가운데서 사람의 모습이 나타나다

중심이란, 인간 형상의 중심, 신체적이고 정신적인 통합을 가능하게 하는 중심이다. 중심은 우리를 안정시키는데 기여하고, 우리가 움직일 방향을 정하고 돕는데 필요한 나침반으로 소용되고 우리의 육체적 한계를 위한 관련점이다. 나는 신체적 중심이 인간의 자아를 의미한다고 확신한다. 그 자체로 신체적 중심은 개체와 그 자신의 존재와의 관계, 그리고 세계와의 관계를 보여준다.

이런 중심의 근육조직은 수축할 수도 있고, 이완할 수 있다. 만일 근육조직이 수축한다면 신체는 중심 안으로 오그라들던지, 펴지던지, 중심에서 밖으로 다다르든지, 이 중심에 머무르든지, 항상 중심에서 시작한다. 신체는 다른 대안을 갖고 있지 않다.

모든 움직임이 중심을 향해 가거나, 중심에서 멀어지는 것과 마찬가지로 우리의 감정은 그 자신을 향하거나 그 자신에서 멀어져, 다른 세계로 생각을 돌린다.

우리들 대부분은 필요에 따라 자신으로부터를 강조할 수 있다. 우리가 집중하는지, 우리가 명상을 하는지 우리는 모든 감정에 직면하여 찬란한 일몰이 문제인지, 성가신 거리의 소음이 문제인지를 생각할 수 있다. 우리는 환상 속으로 날기를 강행하고, 자신의 세계에 맡긴다. 우리는 몸을 앞뒤로 흔들고, 계속하고, 그만두고, 또한 경청하고, 말한다. 우리는 세상과 자신을 경험한다.

그러나 극단적으로 이런 경험들 중 하나만 존속해야만 한다면, 변화의 이동은 방해를 받는다. 안으로 향하는 사람은 폐쇄적이고, 자신을 가두는 경향을 갖는다. 눈을 내려 깔고 팔짱을 끼고, 허벅지를 눌러 으깬다. 그는 서투르게 이야기하는 사람이고 나쁜 경청자이다. 그는 그 자신을 누구에게도 내맡길 수 없고 그 자신 밖으로 나올 수 없다. 그는 세상에 접촉할 수 없다. 그의 중심은 고정되어 있고, 그 중심을 자유롭게 할 수 없다.

한편, 극단적으로 반대인 것이 외향적인 사람이다. 그에게 있어서는 모든 것이 밖으로 향해 있고, 스스로 철없이 행동하고 방향을 벗어난다. 사람들은 그에게 우리의 내성적인 친구와 마찬가지로 거의 접근할 수가 없다. 아마도 그는 시끄러울 것이고, 말을 많이 할 것이다. 두 경우에 우리는 고립된 외로운 사람들을 본다. 한사람은 세상에서 도피하고 다른 사람은 그 자신에게서 도피한다.

나는 목적 없이 끊임없이 움직이고, 끊임없는 도망 중에 있었던 사람을 생각한다. 그 자신은 스스로에게로 움츠러 들어갔고 태아처럼 바닥에 누워서 그 자신의 평안 속에 갇혀 있었던 사람을 생각한다. 그런 상태에서는 아무도 집에 있는 것처럼 보이지 않는다.

정신적으로 힘이 드는 부담 아래에서는 스스로 균형이 잡힌 사람도, 균형을 잃을 수 있다. 자포자기에 사로잡혀 인간의 중심은 혼란에 빠진다. 그의 에너지는 사방으로 뻗어 나가고 움직임은 혼

균형

란스러워지고, 목소리는 부르짖음으로 발음이 불분명한 음으로 표현된다. 그는 혼란 속에 있어서 참을 수 없는 현실을 빠져 나가려고 하는 동안 해리감이 나타난다. 그는 자신의 밖에 있고, 우리는 그 중심이 갈라져 있는 어떤 사람에 대해서 말한다.

이것과 다르게 드문 경우에 어떤 신체는 외관상 중심을 갖고 있지 않은 것으로 보인다. 그 사람은 중심 없이 불안정하게 매달려 있는 것처럼, 마치 세상에서 도망가려 했던 것처럼 보인다.

중심은 신체적 행동의 출발점과 도착점인 것 같다. 그러한 것으로 중심은 감정과 행동, 내면세계와 외면 세계의 기능적인 균형을 이룰 수 있게 한다.

프란체스카

나는 그녀의 손을 잡았고, 뒤로 물러섰다. 그래서 우리의 팔은 곧게 펴졌다. 나는 자신에게로 끌어당기라고 그녀에게 말했고, 그녀는 나를 응시했다.

"나는 이해를 못하겠어요, 어디로 끌어당기라고요?"

"너에게로" 나는 반복해서 말했다. "그러나 나는 어디에 있죠, 어떻게 내가 어떻게 그것을 할 수 있어요?" "너는 단지 팔꿈치를 굽히기만 하면 돼, 프란체스카 그리고 내 손을 잡아당기기만 하면 돼. 너에게로 나를 잡아 당겨봐." 한동안 그녀는 나를 쳐다보았고, 그녀는 나를 오른쪽으로, 다른 왼쪽으로, 위로,아래로, 땅으로 끌어당기는 동안 내가 그녀에게 요청했던 것을 자포자기하고 행동하기 시작했다. 그러나 나를 끌어당기기를 원했던 자신을 간단히 발견할 수 없었다. 그녀는 그 자신에 대해 아무 것도 몰랐기 때문에, 나를 그녀의 자아와 만나게 하는 것이 그녀에게는 불가능했었다.

캐리와 다이아나

효과적인 중심을 복구시키는 일을 시작하기 위해 보통 나는 내가 생각할 수 있는 모든 신체적 훈련을 사용한다. 그 훈련을 할 때 적당한 근육이 필요하게 된다. 나는 신체중심 주변일대에 수축과 이완 훈련을 하도록 시킨다. 나는 환자가 그들의 신체를 수축하고 이완하는 것이 어떻게 이 근육들로부터 시작될 수 있는지 느끼게 하고 싶다. 더 쉽게 말해서 행동하는 것으로……

예를 들면 캐리가 있었는데, 이완된 배를 가진 땅딸막한 부인이었다. 그녀는 즉시 다음과 같이 소리를 질렀다. "나는 내 배에서 근육을 찾을 수 없어요. 근육은 어디에 있죠? 대체 당신은 무엇에 대해 말하는 거죠?" 나는 그녀가 어디에서 무슨 일이 일어날 것인지 스스로 느끼게 하기 위해 그녀의 몸을 가볍게 눌렀다. 그러나 그녀는 내손을 떼밀었고, 흐느끼며 말했다. "내가 굳이 말을 한다면 나는 근육을 갖고 있지 않아요, 근육은 그곳에 없어요. 날 내버려둬요!" 그리고 나는 그것을 조심스럽게 그만 두었다. 그러나 나는 그녀가 알았던지 몰랐던지 이런 근육들은 흐느끼는 것에서 움직이게 되었다는 그 생각을 그만둘 수 없었다.

그녀의 중심을 발견할 수 없었던 캐리와는 완전히 다르게 다이아나는 그 중심을 분리할 수가 없었다. 그녀의 배는 다리미처럼 평평하고, 딱딱했고, 완전히 압착되어 있었다. 내가 2시간이나 숙소 어딘가에 서 있는 그녀를 볼 때, 그녀는 마치 그녀가 엄청난 복통에 시달리는 것처럼 팔을 그녀의 몸 위로 교차시키고 있었다. 세션 시간에 그녀는 마치 배 근육을 풀어줄 수 있는 훈련을 함께 할 수 없을 것 같은 인상을 주었다. 그녀는 그 자신을 껴안고 있는 것으로부터 자유로워질 수 없었다.

어느 날 나는 그녀의 팔을 잡았고, 그 팔을 조심스럽게 분리하려고 했다. "안 돼요, 제발 안 돼요!" 그녀는 깜짝 놀라 속삭였다. "나는 떼어놓을 수 없어요. 당신은 대체 그것을 모르나요? 나는 산산이 부서져요."

나에게 있어서 그 두 부인들은 중간을 훼손당할 극단적인 경우를 보여주었다. 한 부인은 그녀의 중심에 대해 아무 것도 몰랐고, 다른 한 부인은 그 중심을 유지하는 것만 생각했다.

근육이 어디서 수축하거나 이완하는지 발견할 수 없을 만큼 그들의 신체를 멀리했던 환자들은 세상에 가장 잘 적응하는 것에도 도움을 줄 수 없다. 사람들은 정지 상태에 있는 그들의 중심을 인식하기 위해서 다른 길을 찾아야만 한다. 이런 중심에 관계치 않고는 실행될 수 없는 일상적인 행동들이 있다. 예를 들면, 줄다리기는 신체의 중심이 자동적으로 수축되는 시합이다. 또는 환자가 손이 닿을 수 있는 만큼의 높이에 그림들을 걸도록 할 수 있고, 그래서 배 근육이 최대한 이완된다. 또는 그 집단에서 그들이 원하는 대로 가구를 옮기라고 말한다.

실내장식을 하는 역할은 대개 아주 기꺼이 수행된다. 그들은 들어 올리고, 밀고, 모든 공간을 가로 질러 의자와 책상들을 끌

잊을 수 없다. 이 눈을!

마사 그라함(초기 현대무용가). 우리를 좋아할 수 있다.

어당기고, 양탄자를 말고, 한 장소에서 다른 장소로 잡아끌고 가고, 피아노를 공간을 가로질러 밀고, 이런 모든 것이 끙끙거림, 헐떡거림, 아주 유쾌한 움직임으로 수행될 때, 배 근육이 두드러지게 긴장한다.

나는 움직임의 요인들을 행위와 감정과 결합시킬 수 있다. 수축은 힘이 있거나 느슨할 수 있고, 빨리 그리고 천천히 일어날 수 있다. 우리는 일로서 침잠할 수 있고, 우리는 애정 깊게, 부끄럽게, 화가 나서 수축할 수 있고, 기뻐서 자랑스러워서 또는 유쾌한 호흡으로 이완할 수 있다. 나는 그런 훈련시간의 틀 내에서 "타이어를 바꿔 낄 것을", "배 전체로 웃을 것"을 말한다. 그리고 이런 과정을 온전히 느린 속도로 변화시킨다. 수축과 이완의 아름다운 예술에 바쳐진 춤의 시간을 보여주는 이와 같은 관습적이지 않은 것에 관여하는 사람들은 그 자신의 중심을 알 수 있게 된다.

중심이 없는 경계는 생각할 수 없고, 어떤 식으로든 제한 없는 중심을 상상하는 것은 생각할 수 없다. 그러나 그의 신체적 한계가 명백히 존재하지 않는 것은 환자가 중심을 방해받는 부분이다. 그는 마치 어디서 시작하고, 어디서 끝나는지를 모르는 것처럼 보이고, 그렇게 행동한다. 그는 전체적 신체에 대한 명백한 상을 갖고 있지 않은 것처럼 보이고, 신체 각 부분도 그 자신의 부분으로 느낄 수 없다. 그에게 필요한 행위를 실행하는 병원의 관습을 가르쳤을지라도 그 자신을 위해 걷고, 눕는 신체라는 것을 알지 못하는 것처럼 보인다.

린다

린다는 그녀의 머리가 어디에 있는지 알지 못하는 것 같았다. 그녀는 헝클어진 머리와 씻지 않은 얼굴을 하고 있었는데 이는 그녀가 가장 소홀히 하는 신체의 부분이었다. 우리가 함께 작업하는 동안, 나는 그녀가 신체의 모든 다른 부분이 어디에 있는지를 알고 있었음에도 불구하고 그녀 자신의 얼굴은 어디 있는지 결코 찾을 수 없었다는 것을 알았다. 내가 그녀에게 손을 그녀의 뺨에 대라고 요구했을 때 그녀의 얼굴 방향으로 가져갔지만, 그녀의 손들은 허공에 머물러 있었고, 뺨에서 30cm는 떨어져 있었다. 마치 그녀는 가는 목 위에 엄청나게 큰 머리가 얹혀 있다고 느끼는 것처럼 보였다. 나는 그녀 스스로가 그 머리의 실제 크기를 발견하기를 원했다. 그러나 그녀에게 그것을 알게 하기 위해서 하나의 방법을 고안해야만 했다.

우리는 바닥에 앉아서, 우리의 얼굴, 엉덩이, 무릎, 발에 손을 대었고, 항상 다시 동일한 순서로 손을 대는 것에 몰두했다. 발, 무릎, 엉덩이는 단단히 움켜 잡혀 있었다. 그러나 얼굴에 손을 댈 차례가 될 때마다 린다의 손은 허공에 머물러 있었다. 린다가 자제 능력을 잃어버렸을 만큼 빨라질 때까지 나는 점차 속도를 빨라지게 했다. 갑자기 그녀의 손이 양 뺨을 찰싹하고 때렸다. 그녀는 이 상태에서 움직이지 않았고, 그녀의 놀란 눈은 나를 향해 있었다. 그런 다음 그는 그 시간이 끝날 때까지 큰 소리로 계속 울기 시작했다. 그 격렬한 반응 후 큰 변화가 생겼다.

다음 시간에 그녀는 오지 않았다. 그러나 어느 날 그녀는 문에 서 있었다. 머리를 감았고, 빗질이 되어 있었으며, 얼굴은 깨끗이 문질러 씻었고, 입술을 빛나는 붉은 색으로 발랐다. 이 시간부터 린다는 그녀의 얼굴에 손을 댈 수 있다는 것을 자랑스러워하는 것 같았다.

나는 머리를 그 머리의 소유자에게 다시 돌려주기 위해서 내가 할 수 있는 모든 수단을 사용했다. 그러므로 우리는 우리 신체의 모든 부분을 탐구하기 시작했다. 마치 우리가 어린 시절에 했던 것처럼 종종 환자는 마치 그가 처음 보기라도 하는 것처럼 그의 손을 관찰한다. 그가 그 자신의 신체를 그 자신의 손으로 느끼고, 그 표면을 따라 쓰다듬는 동안 그는 그 자신의 신체를 물건과 유사한 것으로 보기 시작하고 형상, 성질, 온도를 관찰한다.

중심

잘 알려진 왈츠 멜로디를 사용하면서 우리는 우리의 손을 한쪽에서 다른 쪽으로 흔들기 시작한다. 그런 다음 팔을 흔드는 데에서 어깨, 머리, 상체, 엉덩이가 함께 흔들린다. 온몸이 하나의 흔들리는 단위가 될 때까지, 하나의 흔들리는 단위는 다음과 같은 것을 표명한다.

"이 흔들리는 신체는 나에게 속해 있다. 나는 흔든다."

이제 마침내, 모두다. 그의 신체를 다른 사람의 신체와 결합시키기 시작할 수 있다. 나는 "프란츠"가 어디서 시작하고 끝내는지 "앤스트"에게 설명하고자 하고, "프란츠"가 어디서 시작하고 끝내고 시작하는지를 보인다. 개인적인 차이를 강조하기 위해서 나는 환자들에게 다른 사람의 몸을 관찰하고, 그 몸에 손을 댈 것을 요구한다. 마치 그가 그 자신의 몸을 보고, 그 몸에 손을 대는 것을 배웠을 때처럼.

신체는 사람들에게 외부세계에 대한 정보를 준다. 그러나 이런 정보를 받아들이기 위해서는 자기감정이 존재해야만 한다. 인간의 정체성만이 그의 신체가 오는지 가는지 움직이는지 가만히 있는지를 확인할 수 있다. 그리고 자신의 존재와 나무, 고양이, 난로간의 차이를 개인이 인식할 수 있을 때만 그는 자신을 인식할 수 있다.

긴장

내려 놓을 수 있어야 한다

춤의 용어에서 긴장상태는 사람들이 신체를 에너지로 충전하고, 방출할 수 있다는 것을 의미한다. 우리는 긴장 상태를 단계적으로 느낄 수 있는데, "자극되어 지나치게 긴장된, 조금 긴장된, 이완되고 긴장이 없어진" 모든 단계를 단지 모든 느낌으로 경험할 수 있다.

모든 사람은 그 자신 나름대로의 긴장이나 긴장상태의 등급을 갖고 있고 그 긴장상태의 정도로부터 그의 힘을 조절한다고 생각한다. 각 개인의 긴장이 어떤 상태인지, 약한지, 힘이 있는지, 부드러운지, 격렬한지, 힘이 드는지, 그 긴장들은 신체에서 명백해진다. 우리가 행하는 것, 보고, 듣고, 맛을 보고, 접촉하고, 냄새를 맡고, 생각을 하고, 꿈을 꾸고, 전화를 걸고, 소리를 지르는 것, 일몰, 대화, 높고 낮은 음, 기쁨, 고통, 슬픔, 호기심 등은 우리의 긴장상태의 정도를 변화시키고, 신체로 표현되어 볼 수 있게 된다. 만일, 어떤 긴장상태의 정도가 아주 차별 없이 균일하게 예외 없이, 유동적으로 사람들의 온몸에 할당된다면 우리는 화합, 조화를 느끼고, 우리는 갈등 없는 상태에 있게 된다.

우리에게 있어서 모든 것이 동일할 것이고, 우리는 감정적으로 일치한다. 사랑이나 분노는 특별한 감정의 긴장상태에 기초를 두든지 두지 않았든지 여기 우리의 세계, 존재에서 알고 있는 것과 같은 사랑은 원초적인 사랑이 되고 우리의 선량한 시민의 분노는 신의 노여움이 된다. 유일한 감정의 긴장상태가 완전히 구체화된다면 우리는 전체적으로 경험한다. 내 연구의 중요한 부분은 갈등 없는 체험을 가능하게 하는데 있다. 불안 없는, 죄의식 없는, 모든 금지와 비판 없는 감정을 만끽하고 보여주는데 있다.

바로 여기가 아프다.

정신 병동의 내부에서와 마찬가지인 우리의 일상생활에서 우리는 그 자신의 힘을 방해 받고 있는 사람들을 만난다. 힘이 신체의 고립된 부분으로 모인다면, 정체가 있고, 힘은 저지되고, 온

몸으로 흘러가지 못한다. 나는 이렇게 봉쇄되는 것을 "멈춤 표시"라고 부른다. 이렇게 봉쇄되는 것은 단일한 체험을 방해한다. 위로 치솟은 어깨나 움츠러든 엉덩이는 무엇인가를 말하고, 그것들은 그 나머지 신체 부분과는 다른 생각을 나타낸다. 우리 모두는 이런 장벽을 알고 있다. 긴장 된 어깨, 빳빳한 목, 수축된 위, 새끼발가락의 경련, 이를 가는 문제가 있을 수 있다. 고립된 그런 확정적인 적은 처음 알았을 때부터 그것을 완전히 제거할 때까지 그 과정은 얼마나 오래 걸릴 수 있는가! 비록 우리가 아플 때조차 얼마나 많이 쓸데 없는 에너지를 낭비하는지를 오래 전부터 알 때조차 우리는 기억을 움켜잡고, 우리 신체가 목적에 맞지 않게 말하는 것에 달라붙는다.

> "나는 내 머리를 항상 옆으로 기울였다. 지금 나는 그렇게 하고 있다."

> "나는 내 골반을 이완시키고 싶지 않다. 내 골반은 추해 보인다!"

배나 척추, 대체 무엇이 맞지 않는가? 모든 사람이 자신의 자세가 좋다고 생각한다. 그리고 우리 모두는 우리의 긴장의 특성에 대해 알기를 열망한다. "실제로는 안 그래요. 왜 내가 어깨를 높이 치켜 올리겠어요? 그것이 무엇을 말하는지요? 왜 내가 그렇게 하지요?"

단지 나는 다음과 같이 대답할 수 있다." 나는 그것을 알지 못해요. 아무도 그것을 알지 못해요. 그것에 대해서는 많은 이유가 있을 수 있어요. 그러나 그 어깨는 나에게 이렇게 말하고 있어요,

"어깨를 이완시키도록 도와줘요!" 라고…

만일 경련의 증세를 부드럽게 할 수 있다면 그 경련을 야기시키는 갈등이 풀릴 모든 가능성을 갖는다는 것을 확신한다. 이것은 춤의 장점이다. 우리가 신체적 증상에 관계하는 동안 우리는 직접 감정을 치료할 수 있는데 이 감정으로부터 신체적 증상이 나타나게 되었기 때문이다.

그런 작은 신체증상을 과장해서 설명하는 정신분열증으로 불리는 사람들 곁에서 처음에 나는 충격을 받았었다. "블로일러" 교수는 정신분열증의 근본적인 특성 대신 "분열"이란 표현을 만들었다. 정신의 분열, 이제 나는 정신분열증 환자들의 신체들에서 "분열"을 어떻게 보고 있는가? 그들은 의견을 달리했고, 표현을 달리하고 있다. 부드럽게 미소 짓는 얼굴이 손은 반항적인 신체 위에 얹혀 있었고, 분란은 움츠린 발들과 부드럽고 연약한 손들에 어울리지 않았으며, 대담하게 내민 흉곽은 약하고 홀쭉한 골반 위에 우뚝 솟아 있다. 이런 대립들은 모든 움직임의 요인으로 그런 움직임의 모든 결합으로 나타났다. 또한 이런 대립들은 인간의 감정 상태에서 분열, 갈등을 효과적으로 특징짓는다.

나는 환자들이 무의식적으로 행하는 것을 그들에게 알도록 하기 위해서 환자들의 신체에서 의도적으로 분열을 만들어내게 한다. 신체 에너지의 분열은 아주 재미있는 놀이가 될 수 있다. 물론 사람들이 생각하는 것보다 더 힘들게 그 시간이 지나고 난 후에 그 집단의 참가자들이 보여준 분열된 신체 상태를 이해할 수 있다. 우리는 찡그리고 긴장된 얼굴과 걸려 있는 듯한 축 늘어진 신체로 움직일 수 있거나 축 늘어진 팔의 헝겊인형과 같이 경직된 나무다리로 뛰어 오를 수 있거나 긴장되고 이완된 옆구리로 달릴 수 있다. 대부분의 사람들은 만일 내가 감정표현의 분열을 위해 신체를 사용한다면 그것을 더 잘 이해한다. 우리는 기쁜 얼굴과 슬픈 신체로 또는 용감한 가슴과 겁에 질린 골반으로 인사한다. 또는 우리는 뻔뻔스러운 오른 손과 감상적인 왼손으로 작별을 한다. 우리의 머리로는 "네"를 우리의 손으로는 "아니요"를 우리의 발로는 "아마도"를 한다. 그 모든 것이 우스꽝스럽게 보인다. 그러나 바로 이런 과장이 환자들에게 큰 재미와 호기심을 준다.

분리는 통합의 가능성을 전제한다. 통합이란 단어가 분리의 가능성을 자체에 가지고 있는 것처럼. 그래서 환자와 함께 할 긴장과 분리의 시간들은 균일한 긴장을 만들기 위한 준비시간으로 소용된다. 이런 긴장의 통합을 얻기 위해서 각각의 신체부분의 긴장에 전체 신체의 긴장을 동화시킬 수 있다. 주먹을 쥐는 것에서 시작하여 이런 긴장을 팔로 끌어 들이고, 가슴과 어깨로 이동하고, 도중에 머리를 함께 포함하면서, 긴장은 몸통, 다리, 발을 통해 퍼지게 된다. 온몸이 주먹처럼 느낄 때까지, 그런 긴장이 속행되는 것을 신체의 각 부분으로 출발할 수 있고, 모든 긴장 상태의 정도에서 시작할 수 있다. 이런 식으로 몸 전체의 에너지 상태가 기쁜 얼굴에, 신경과민의 발, 감정적인 마음, 공격적인 무릎에 적응될 수 있다. 실제로 이런 훈련이 인간에게 있어서 조화로운 통합 즉, 우리가 기능할 수 있기 위해서 아주 중요한 통합을 이룬다는 것은 놀랍다.

모든 사람이 일상생활에서 긴장의 서로 다른 정도를 동시에 요구하는 상황을 충분히 검토해야만 한다. 만일 어린 아이를 먼 곳으로 이동해야 하는 어머니가 그녀의 팔에 동일한 양의 에너지를 사용한다면, 그녀는 아이의 늑골을 골절시킬 수 있을 것이다. 유사한 방법으로 우리는 자주 낮의 활동 시간에, 긴장에 대해서 의식을

분열

하지 못한 부분이 분열될 때가 있음을 경험한다. 그러나 의식된 분열과 결합은 우리에게 큰 기쁨을 준다. 우리는 스스로가 복잡한 상황들을 지배하고 조절한다. 우리는 아이들처럼 우리의 배를 문지르면서, 머리를 두드리는 것을 동시에 할 수 있다는 것을 자랑스러워했던 것처럼. 아울러 만일 어떤 관리인이 그의 바이올린으로 가장 약하게(pp) 켜고, 팀파니로 가장 세게(ff) 두드린다면 그는 힘과 충만을 감지한다. 이는 의식적이고, 예술적인 분열이다.

균형잡힌 긴장을 방해하는 요인은 수없이 많다. 긴장상태의 요인을 더 이상 갖지 않는 사람들이 있다. 그들은 편견에 사로 잡

혀 있고 긴장상태의 등급은 신체에서 우세하고, 동일하고 영구적으로 확정되어 있다. 그들은 일하든지 놀든지, 말하든지, 자든지 아무 것도 완전히 아무 것도, 어떤 위험도 어떤 사랑의 증언도 한 번 확정된 긴장을 변화시킬 수 없다. 우리는 분노하는 사람을 보는 것이 아니라. 분노의 경직된 상징을 보는 것이다. 슬퍼하는 부인을 보는 것이 아니라, 절망이 화석화된 모상(模傷)을 보는 것이다.

로사

내가 기억하는 로사는 에너지를 사용하는 두 가지 극단적인 경우 속에 살고 있었는데, 그녀는 결코 중간 음을 갖지 않았다. 그녀는 26살이었고, 수년 동안 정신병원에 입원하고 있었다. 환자들과 간호사들은 그녀를 무서워했는데, 그 이유는 그녀가 완전히 교차점이 없이 살았기 때문이다. 갑자기 그녀는 경고나, 예고도 없이 겉으로 보기에는 이유도 없이 가장 가까이 있는 물건, 화분, 의자 등을 잡아채고 그녀 옆에 있는 모든 것을 때려 부수었다.

그녀는 무자비하게 뚱뚱했고, 실제로 두 가지 극단적인 긴장상태의 등급 속에 살았다. 초긴장 상태이거나 긴장이 없는 상태, 긴장된 상태에서 그녀는 덤벼들었고, 소리를 질렀으며, 긴장이 없는 상태에서 그녀는 단지 쓰러졌고, 온몸을 바닥에 철석하고 부딪쳤다. 그녀는 사랑에 매우 굶주렸고 사랑을 원하는 사람이었다. 위험한 상태에서 그녀는 아주 격렬히 대응하는 것으로 그녀가 나를 좋아했다는 것을 나에게 알도록 했고, 나를 난폭하게 껴안았다. 그런 다음 이런 사랑의 감정을 갑자기 교차점 없이 중단했으며, 의자에 털썩 주저 앉았다.

어느 날 나는 그녀에게 북을 주었다. "우리 아주 낮게 그 북을 치기 시작할까요?" 그녀는 내 말을 이해했다. 그녀가 북을 치는 것으로 소리 강도의 위험지대를 넘어갈 기세를 보였을 때, 나는 그녀가 천천히 다시 더 작게 칠 수 있는지를 물어 보았다. 아주 기뻐서 그녀는 그 실험을 반복하고자 했고, 그런 다음 즉시 북을 때려 부수었다. 그런 다음, 그녀는 그것을 유감스럽게 생각했다.

그러나 나는 이런 식의 연구가 그녀에게 아마도 긴장상태 등급의 몇 가지 중간 음을 의식하도록 할 수 있다는 것을 알았다. 나는 아주 조심스러워야만 했고, 그녀를 분노나 긴장에 자극이 되도록 해서는 안 되었다.

이런 에너지와 함께한 놀이를 우리는 단어, 움직임, 문장, 마지막에는 노래로 계속하였다. 그녀는 많은 민요를 알고 있었는데, 그녀가 가장 좋아하는 민요는 "만일 네게 아직도 어머니가 계신다면, 신께 감사하고 만족하라…"였다. 그녀는 작게 부르기 시작했고, 거의 자장가처럼 들렸다. 그 다음 그녀의 목소리는 온 가슴으로 그 애창곡을 그 공간에 큰 소리로 알릴 때까지 더 커지고 더 격렬해졌다. 내가 그녀에게 다시 작게 부르라고 말했을 때 그녀는 그렇게 할 수 있었고, 다음과 같이 속삭였다. "아, 훌륭해."

지난 시간에 우리는 큰 홀의 중앙에 마주보고 서 있었다. 그녀는 내 귀에 대고 속삭였다. "트루디" 나는 다시 속삭였다. "하이, 로사." 천천히 우리는 각자 자기 방향으로 뒤로 물러섰다. 우리 사이의 공간이 넓어졌다. 우리가 서로 이해하려 했다면 우리의 목소리는 더 커져야 됐고, 우리의 몸짓은 더 커져야 됐다.

"하이, 로사." 우리는 홀의 구석에서 불렀다. 다시 서로를 향해 접근해서 우리는 더 낮은 목소리가 되었다. 이때 로사는 텍스트를 변화시키기 시작했다. 그녀는 부드러운 단어와 목소리로 재잘거렸다. 나는 그녀에게 같은 식으로 대답했다. 그것은 어머니와 아이 사이의 사랑스러운 수다 떨기처럼 들렸다.

내가 로사를 2년 후 다시 보았을 때 나는 그녀에게서 별다른 변화를 발견하지 못했다. 그녀는 많은 힘을 소비하지 않고, 그녀의 삶을 살았다. 다른 한편으로 그녀는 결코 더 이상은 예기치 않은 발광을 하지 않았다.

강한 감정에는 강한 긴장이 필요하다. 감정의 이완이 긴장의 소멸에 의해 따라 나오는 것처럼, 이상적인 경우에 감정과 긴장

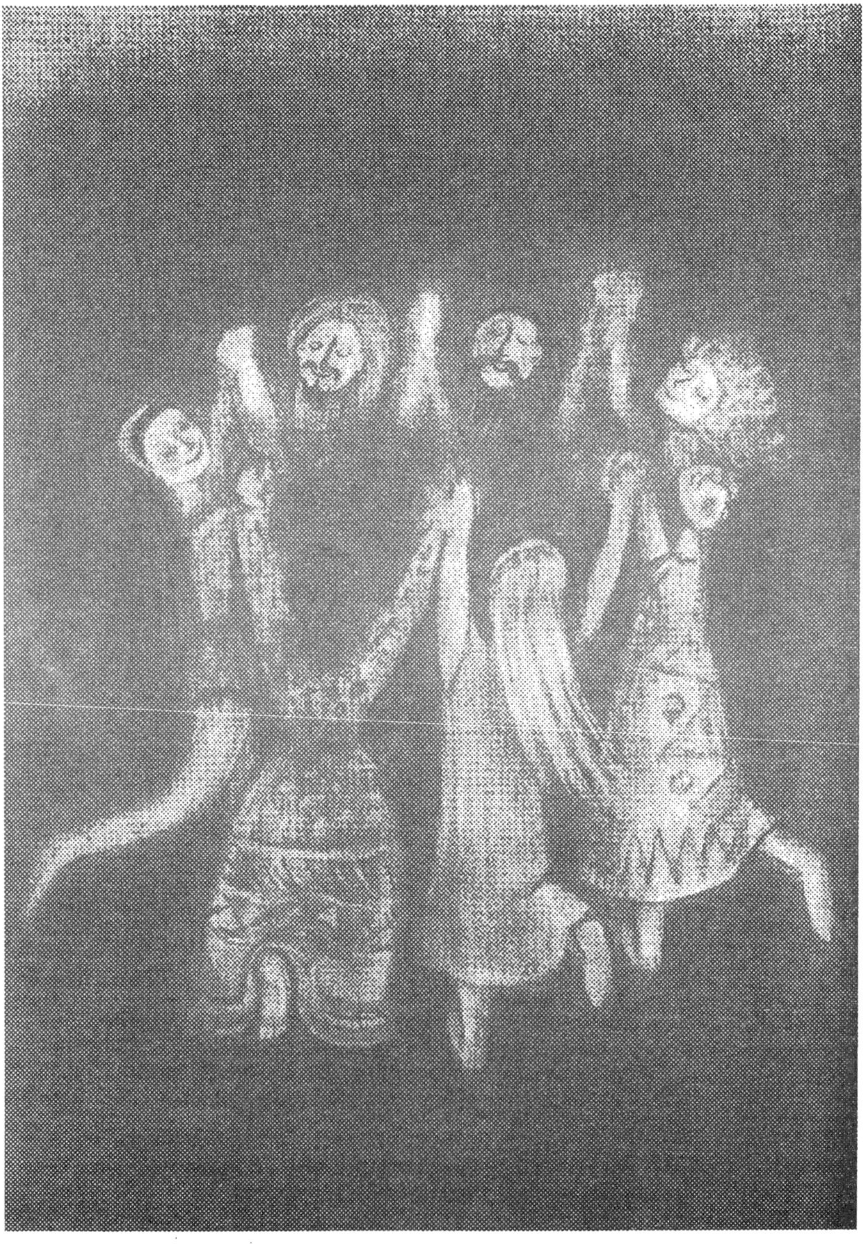

상태는 동시에 치솟고, 공통적으로 그 정점에 도달하고, 점차 사라진다.

강렬한 감정과 극도의 힘이 함께 작용하는 것으로 놀라운 성과를 가져올 수 있다. 우리는 차 밑으로 들어간 자신의 아기를 눈 깜짝할 사이에 차를 들어 올려 아기를 구한 어머니의 얘기를 생각할 수 있다. 두려운 불안을 느끼지 않고, 그녀의 힘을 한 가지의 실행으로 집중시키고, 그녀는 놀라울 정도의 업적을 완성하는 그런 초인간적인 힘을 발휘했다. 유일한 놀랄만한 힘이 문제인지 일상적인 업적이 문제인지, 모험의 결과는 엄격히 힘과 감정이 함께 작용하는 것에 좌우된다.

민속춤

그렇게 완전히 일치시킬 수 있는 능력을 일으킬 수 있다는 것은 얼마나 놀라운 일인가? 긴장상태는 관심에 따라 증가하기 때문에 만일 긴장상태를 높이면 관심을 더 증대할 수 있다. 그러므로 나는 그녀가 정상에 도달하고 그런 다음 그녀의 본래 출발점으로 되돌아가도록 하기 위해, 신체에서 끊임없는 힘의 상승을 발생시키고자 노력해야만 했다.

예술가, 운동가들은 뛰어난 균형잡힌 긴장에 대한 전문가들이다. 물속에서의 도약, 스키를 타고 위로 나르기, 스케이트를 타고 돌기, 장대높이뛰기 선수들에게서 그들이 긴장을 하고, 긴장을 푸는 것이 얼마나 명백한지, 그 선수의 신체는 도약을 위해 준비하고 뛰는 동안, 그런 다음 도약을 하는 동안 힘으로 충전하고, 위에 조용히 서 있는 것처럼 보이고, 그런 다음 놀랄 만큼 긴장을 풀고, 아래로 날고 있는 것처럼 보인다. 이 모든 "급진주의자들"은 그 후 다시 제정신을 찾기 위해서 즉, 다시 그들 자신의 긴장 등급으로 돌아오기 위해서 자신을 넘어 증대할 수 있는 것처럼 보인다.

당신은 언젠가 이런 여러 가지가 합쳐진 노련한 민속무용집단을 본적이 있는가? 러시아, 멕시코, 그리스, 이스라엘 등의 민속무용 집단을… 또한 당신은 민속무용에 참가해 본적이 있는가? 즐거운 회전에서 흥분이 증가되는데 그 회전에서 도는 것, 두드리는 것, 찰싹하고 때리는 것, 걸음은 점점 더 빨라지고, 움직임은 더 강하게 더 격렬하게 되고, 무용가를 따라하는 것처럼 더 강력해지고, 표현은 정신적으로 음악과 춤추는 것에서 더 긴장되고, 웅장하고, 일반적인 대단원에 도달한다. 그런 다음, 여러가지 직업의 변호사, 학생, 주부, 노동자, 조각가는 그들의 흥분을 공통적으로 헐떡이며, 숨김없는 행복한 도약에서 떠나게 되고, 가라 앉히는 것이다.

어떤 다른 충만한 감정이 그런 결과를 줄 수 있는가?

리듬

비트 리듬과 균형

리드미컬한 간격으로 낮은 밤 다음에 오고, 밤은 낮 다음에 온다. 봄, 여름, 가을, 겨울은 오고 가고, 썰물과 밀물은 그들의 중심 주위를 영원히 규칙적으로 도는 태양, 해, 달, 별들의 맥박이다.

탄생과 죽음은 우리 인간사의 리드미컬한 요인들을 형성하고, 호흡과 심장박동은 우리 삶의 운율적인 질서이다. 우리의 언어는 리듬이고 리듬은 우리의 일, 우리의 놀이, 우리의 노래와 우리의 춤들이다. 개개인 각자는 일어난 일의 리듬 속에 포함되어 있고, 그곳에 관여하지 않은 사람이 있다는 것은 상상할 수도 없다.

하락스

나는 누군가가 리듬을 받아들일 수 없는 상태에 있다면, 깊은 곳에 심리적 원인이 있다는 것을 확신한다. 하락스는 나의 이런 확신을 증명해주었던 첫 번째 사람이었다. 그는 나의 첫 번째 집단의 구성원이었다. 잘 훈련된 무용가, 즉 훌륭한 외모와 그리고 모방하는 본능적인 감각을 가진, 그에게 함께 맞출 수 있는 리드미컬한 구조를 위한 감정이 있다면 그는 뛰어난 무용가 일 수 있을 것이다. 그는 시험적이고 스스로의 관념에 빠진 그의 잘못된 리듬을 그룹원에게 강조했고, 또한 그는 길고, 회전을 너무 늦게 하는 그의 정확하지 않거나 잘못된 시작이 다른 사람들을 짜증나도록 하였으며, 무대 위에서 다른 사람들을 절망하도록 하고 그 시작은 나를 아주 괴롭혔다.

우리가 말하는 "박자를 함께 하는 리드미컬한 것은" 그를 종종 화나게 했고, 극장 밖에서 그의 예술 동료들은 그를 냉대했다. 그러므로 내가 빨리 관여해야 한다는 것을 알았다.

나는 하락스가 리듬에 관해 모순이 있다는 것을 알았다. 우리의 일상적인 훈련에서 그는 자신만의 아름다운 리드미컬한 순서로 즉흥무대를 추었다. 이순서는 결코 단순하지 않았고, 복잡한 속도 변화를 길게 결합한 것이었다. 그래서 나는 그에게 어느 날 그 집단에서 리듬으로 강의할 것을 제안했다. 내 제안은 우선 무용가들에게 말을 못하도록 하는 것이었는데, 그것 때문에 그들은 웃음을 터뜨렸다. 그러나 그 시간이 지남에 따라 웃음이 그쳤다. 하락스는 아주 확신을 갖고 그 집단을 지도했고, 이 모든 확신에 찬 무용가는 "이런 리드미컬한 결합에 의해 대단히 분주했었다. 그러나 따라하는 것이 그들에게는 잘되지 않았다. 저녁 공연동안 우리는 '하락스'를 새로운 희망을 가지고 관찰했지만 우리는 곧 실망을 했다. 그의 도약은 너무 일찍 끝났고, 회전하는 것은 너무 늦게 시작했다. 그가 시작한 순간 뒤에도 그는 무대 세트 안에 서 있었고, 말없이 박자를 세고 있었다.

어느 날 저녁 하락스와 나는 공연 후 평소처럼 저녁식사를 했고, 그는 나에게 그의 어린 시절에 대해 이야기하기 시작했다.

"나의 아버지는 무서운 콧수염을 기른 거인이었어요. 그는 실제 건강에 대한 바보였어요. 그리고 그가 소모시키는 신체적인 원칙을 따라 나를 교육시키는 것을 사명으로 하고 있는 것처럼 보였어요. 나는 그와 함께 몇 킬로미터나 되는 거리를 산책해야만 했는데, 결코 그의 거대한 걸음을 잊을 수가 없어요." 나는 또 내 다리를 삔도록 아주 심하게 노력했어요. 아버지의 한 걸음은 나의 걸음 네 번을 필요로 했어요. 그러나 아버지의 속도는 흔들리지 않았어요. 나는 그와 보조를 맞출 수 없는 것이 얼마나 나를 불안하게 했었는지 기억할 수 있어요.

아버지는 또, 얼마나 화를 냈던지! 그는 완전히 혼자 나를 산속에 내버려 두었어요… 나는 정말 너무도 무서웠어요. 그리고 마침내 우리가 쉬게 되었을 때 깊은 숨을 들이 마셨어요. '숨을 들이쉬고, 여섯까지 세어라' 라고 그는 외쳤고, '그렇게' 나는 그의 넓고, 굽히지 않은 가슴이 거의 터질 정도까지 늘어나는지 볼 수 있었어요. '그런 다음 멈추고, 그렇게' 말하며, 그의 얼굴은 붉게 달아올랐어요. '이제 숨을 내쉬고, 여섯까지 세어라' 그리고는 모든 숨을 단숨에 다시 내뿜었어요. 그래요, 그것을 따라하는 것은 유일하게 힘과 의지를 요구했어요!"

'이상해 하락스' 나는 조심스럽게 말을 하기 시작했다. '당신이 나에게 막 이 이야기를 했을 때 당신은 여전히 두려워하는 것처럼 보여요, 당신은 아버지에 대해, 그의 지배적인 권위에 대해 그리고 특히 그런 억압에 대해 방어를 한다고 생각해. 나의 말은 당신이 여전히 그에 대해 저항한다면 그것이 나의 무용음악을 따라할 수 없는 이유일꺼라고 생각해요…'

하락스는 나를 언짢게 쳐다보았다. 오랜 침묵 후에 그는 다

두드리는 빗자루를
가지고 있는 여자(부인)

음과 같이 말하였다. '아버지와 보조를 맞추는 것처럼 당신의 리드미컬한 공연을 거의 따라할 수 없다는 것을 알아요. 사실은 두 가지 모두가 나를 화나게 해요!'

사실상 하락스는 마치 그의 어려운 일의 원인을 발견한 것처럼 보였다. 모든 경우에 그의 문제는 스스로에 의해 해결되기 시작했고 점차로 그는 그 자신이 구성한 것에서 행한 것과 마찬가지로 정확히 우리의 춤에 적응해 갔다.

처음에 나는 어떤 환자에게도 나의 리듬을 강요할 수 없다. 많이 기다리고 그가 그 자신의 맥박을 찾도록 해야만 했다. 그가 완전한 개인적인 리듬을 감지할 때야 비로소, 그 앞에서 행한 것을 따라할 준비가 되어 있다. 리듬을 알게 하는 가능성은 무한하고 특히 도움을 주었던 몇몇 사람에 대해 말하고자 한다.

두드리는 빗자루가 있다. 보다 긴 버들채찍들의 한끝을 끈으로 접착시켜 자루로 만들었다. 이 두드리는 빗자루는 완전히 무해한 도구처럼 보인다. 사용하는 사람은 두드리는 빗자루에 대해 책임이 없다. 잘 문지를 수 있거나 두드릴 수 있고, 땅바닥을 칠 수 있고, 또는 형태를 허공에 그릴 수 있다. 일반적으로 거부하는 감정을 표현하도록 환자에게 허가하는 동안 감정의 이동을 갖게 된다. 두드리는 빗자루는 그 자신의 팔을 연장한 것으로 쓰인다.

모두를 자신들의 개인적인 리듬에 숙달시키기 위해서 나는 그 집단 구성원들에게 그들이 어떻게 서로 다른 일상적인 행위들을 수행하는지 나에게 보여줄 것을 선동했다.

당신들은 아침마다 어떻게 일어나지요, 빨리 또는 천천히? 당신들은 즉시 명쾌하게 깨어나나요, 혹은 다시 꾸벅꾸벅 조나요?

그리고 각자가 어떻게 머리를 빗고 이를 닦을 수 있는지…

필요한 환자들은 그들 자신의 속도로 걷고 그들 자신의 리듬으로 손뼉을 치고 그들이 원하는대로 음악이나, 북이 없이 나의 영향을 받지 않고 두드린다. "이제 우리는 모두 그것을 행하는 것처럼 우리의 맥박을 느낄 수 있어요. 당신들의 팔목에 대고 맥박을 느껴보세요. 만일 당신들이 각자의 리듬을 느낀다면 소리를 내세요, 각각의 리듬대신 소리를…"

한참 후 모두는 스스로의 맥박을 찾았고, 전체 공간은 소리들의 혼란으로 가득 찼다. 어떤 사람들은 더 천천히, 어떤 사람들은 더 빨리, 몇몇 사람들은 더 높이, 다른 사람들은 더 낮게, 그들 삶의 리듬은 노래하는 목소리들의 합창으로 이어진다. "다-다-다-다, 봄-봄-봄-봄, 탁-탁-탁-탁-탁"

천천히, 거의 눈에 띄지 않는 것을 체험하는 것은 매혹적이다. 이제 북이나 피아노를 조심스럽게 다루어 질 수 있고 환자들의 일반적인 체험에서 그들 자신의 체험으로 경험했던 박자를 계속할 수 있다.

그 다음 그들 신체의 일부를 이 박자에 따라 움직일 것을 그들에게 요구한다. 손들, 발들, 팔꿈치, 무릎, 머리, 엉덩이, 자세는 변화되고 표현도 변화된다. 마지막에 인간 전체가 춤을 추는 하나의 단위를 형성할 때까지. 각자는 무엇이 본질적으로 그들과 나의 즐거움에 기여하는지, 그 자신의 리듬을 찾아서 따르고, 낯선 리듬을 따르지 않는다. 만일 환자들이 더 이상 낯선 리듬에 대해 저항하지 않는다면 나는 그들에게서 포괄적인 리드미컬한 체험을 할 가능성을 생각하기 시작할 수 있다.

특정한 박자를 강조하는 것을 통해 우리는 그 시간을 나누기 시작한다. 특정한 형식을 반복하는 것은 환자들에게 기쁨을 준다. 각각의 방식을 반복하는 것은 우리가 어릴 때 항상 동일한 노래들을 기꺼이 듣거나 불렀던 것처럼 안정과 평안을 준다.

리듬을 일치시키는 것으로부터 우리는 리듬의 대립에 대항한다. 나는 환자들에게 그들의 두드리는 빗자루를 내가 균일하게 북을 치는 것에 대항하여 리듬을 두드리도록 자극했다. 더 빨리, 또는 더 천천히 또는 더 크게 그들에게 그것은 아주 흥미를 준다. 덜커덩 덜커덩 소리가 나고, 딸랑딸랑 소리를 내고 휙 하고 소리가 난다.

그 공간은 리듬의 혁명적 혼란이 있다. 그 다음 그들을 변경시킨다. 때때로 나와 동일하게 두들기면서 때때로 나와 다르게 두들기면서 그들을 변경시킨다. "나는 원하지 않아요"와 마찬가지로 "나는 원해요"라고 말하는 것을 배운다. 그리고 다시 적응한 것과 개개인이 만들어낸 것 간에 균형이 발견되었다.

보통 사람은 리듬과 긴장상태를 조절할 수 있다. 우리는 그런 다수의 리듬의 조절상태를 알고 있다. 오른손으로 활을 부드럽게 균일하게 움직이고 왼손으로 힘있게 활을 다루는 바이올리니스트, 왼쪽에 울려 퍼지는 저음을 불러내고 오른쪽에 서정적인 안단테를 연주하는 피아니스트, 상체를 자주 발과는 완전히 다른 리듬으로 표현하는 무용가 그리고 서로 다른 움직임이 진행되는 동안 뛰고, 돌고, 회전하는 대상을 제때에 붙잡고, 다음으로 넘길 수 있기 위해서 귀를 기울이는 것은 굉장한 체험이다. 그러나 환자에게 이 리듬의 통일은 깨어진다. 그는 본래의 의미에서 갈라진다.

건강한 사람들이 이 분열을 조절하는 동안 환자는 그 분열에 의해 지배당한다. 그는 간단히 그만둘 수 없고, 공연의 커튼은 그를 위해 내려지지 않으며, 그를 불완전한 조화와 리듬 속에 움직이도록 한다. 그의 신체는 경련하는 것, 얼굴을 찌푸리는 것, 떠는 것 모든 방식의 리듬을 방해하는 것에 의해 확고히 괴롭힘을 당한다. 이런 겉보기에 근거가 없는 움직임 뒤에 있을 수 있는 그 움직임은 항상 되풀이된다. 그 움직임이 깃들어 있는 신체들은 그 움직임에 의해 사로잡혀 있다.

나는 내 앞에 있는 남자를 보는데 그는 존재하지 않는 책을 손에 쥐고, 흥분해서 책의 페이지를 넘기고 있다. 또, 한 부인을 보는데 그녀는 몇 분마다 창 쪽으로 달려가고 손을 눈 위에 대고 멀리 바라본다. 의연하게 돈을 세고 있는 사람을 보고, 그러한 행동들을 강제로 실행해야만 하는 많은 사람들을 본다.

아그네스

나는 많은 환자들이 매우 부자연스럽게 자신을 흔들고 있는 것에 대해 자주 생각한다. 신체의 중심이 리드미컬하게 앞, 뒤로 흔드는 것 뒤에는 어떤 감정이 존재하는가… 저기 앞뒤로 흔들고 있는 여자 환자(그녀는 "아그네스 포터"로 명부에 기록되어 있다)와 마주 앉았다. 가능한 나는 내 다리 위치를 그녀와 동일하게 놓는다. 무릎을 높이 끌어 당기고, 발은 약 45cm 떨어뜨려 놓고, 발가락만을 바닥에 대고 있다. 그녀의 상체자세를 따라하는 것이 나에게는 더 어렵다.

그녀의 흉곽은 움푹 내려가 있고, 그녀의 어깨는 등을 둥글게 한 채 높이 끌어·당겨져 있고, 머리는 그 어깨 사이에서 감금되어 있는 것처럼 보인다. 곤봉처럼 현저하게, 팔이 견대(肩帶)에서

튀어나와 있고, 손들은 손목에 축 늘어져 흔들흔들 드리워져 있다. 무감각한 얼굴에 턱이 불안정하게 매달려 있고, 입술 주위는 흰 거품을 물고 있다. 나는 내 몸을 강제로 아그네스가 취하고 있는 자세로 만들고 그녀가 흔드는 리듬을 따라 하려고 노력했지만, 얼마나 불유쾌하고 이상함을 느끼는지.... 그러나 내 자신의 긴장상태는 결코 그녀와 일치하지 않는다.

이 빠르고 돌연한 속도에 나를 적응시키기 위해서 얼마나 많은 힘을 필요로 하는가, 그녀의 움직임에서 앞으로 미는 것을 강조하는 것은 내가 보기엔 분노나 반항의 감정을 일깨운다. 그것은 절망의 감정이 확실하다. 나는 불행으로 몰아넣은 그녀의 감정을 포착했다. 또다시 우리는 앞뒤로 흔든다. 나는 많이 어지럽다. 그러나 이 움직임은 그 자체에 무엇인가 만족할 만한 것을 갖고 있다는 것이 주의할 만하다.

리드미컬하게 몸을 앞뒤로 움직이는 것은 생식기관에 감정을 발생시키지 않는가? 이런 자신을 자극하는 것이 동시에 안심하게 하는가? 이것이 아그네스에게 어떤 식으로든, 존재의 근본목적에 관련된다고 느끼도록 할 수 있는가? 또 다시 우리는 앞뒤로 흔든다. 나는 내 신체가 천천히 더 약간 긴장 상태로, 그 자신의 더 느린 리듬으로 돌아가는 것을 느낀다. 내 어깨는 부드러워졌다. 또 다시 앞뒤로 흔들고, 요동시킨다. 나는 내 골반 즉 내 중심의 선회점 위와 주위에 원을 그린다. 이것은 얼마나 유쾌하고 얼마나 기분이 좋은지…

나는 태초부터 그들의 갓난아기를 재우려고 흔들었던 이 세상의 모든 어머니를 생각한다. 아그네스의 몸은 안정과 이런 체험의 감성적인 따뜻함을 다시 경험하려고 노력하는 것인가, 그녀가

아그네스와
손잡고 흔들기

격렬하게 흔드는 것은 참을 수 없는 감정을 달래려는 것인가, 자장가를 불러 그 감정을 잠들게 하는가, 흔드는 것이 위기를 저지하는가, 앞뒤로, 앞뒤로… 나는 내 신체가 방금 이런 식으로 사랑하는 사람이 죽은 것을 애도했던 때를 기억한다. 그리고 나는 그가 앞뒤로 흔들고 요동하고 원을 그리는 동안 다음과 같이 소리쳤다는 것을 기억한다. "나는 슬퍼요" 그리고 동일한 호흡으로 다음과 같이 속삭였다. "나는 다시 즐거워질 거예요."

우리가 함께 앞뒤로 흔들었던 많은 시간동안, 외관상 점점 더 많은 연상이 떠올랐다. 아마도 그것이 아그네스에게는 옳지 않을지도 모른다. 아무튼 어떤 식으로든 나는 오랫동안 그녀 자신의 세계 속에 있었던 감정, 그녀 삶에 관계했던 감정을 알았고 그 감정을 통해 나는 아마도 이렇게 앞뒤로 흔드는 것에 대한 그녀의 욕구를 이해하기 시작했을지도 모른다.

만일 내가 보통 사람들의 보통 상태만 생각한다면 그들이 자신들의 불안을 몰아내기 위해서 사용한 방법에 놀랄 것이다. 우리는 불행을 상징적인 신체 신호로 돌리려고 시도한다. 우리는 엄지손가락을 누르고, 또는 탁자를 두드리고, 오른쪽 또는 왼쪽 어깨를 눌러 주무른다. 사람들이 이렇게 달래는 것은 얼마나 상상력이 풍부한가! 이런 행동들이 의미가 없거나 시간낭비이거나 하는 것은 아무 상관이 없다. 그 행동들은 우리의 죄의식과 불안감을 달래 주는 것이므로 우리는 그 행동을 실행해야만 한다.

그러나 우리는 이런 행동방식이 단지 특정한 동기로만 지배당하는 상태에 있다. 한번 실행하면 그 생각은 지나가고 우리는 안전하다고 느낀다. 신들에 의한 위협이 더 오래 지속되지 않는다.

그러나 이런 간청을 몇 번이고 되풀이하여 새롭게 해야만 하고 그들은 비난하는 것 같은 손을 다른 쪽으로 돌리는 끝없는 노력을 반복한다.

만일 내가 환자의 강제적인 동작을 따른다면, 나는 그를 괴롭히는 악마를 달래려는 노력으로 그와 합일(合一)할 것이다. 그가 움직임을 반복할 때 그의 곁을 따른 다는 것을 환자가 알게 된다면 내가 그 움직임과 동시에 그를 받아들인다는 것을 느끼기 시작할 것이다. 이 시점에서 나는 작은 변화를 갖기 시작한다. 아마도 나는 그 행동을 조금 빠르게 하기도 하고, 행동을 곱게 꾸미기도 하고, 행동을 단순화한다. 또는 그 과정들 안에서 시간과 공간을 변화시키려 한다. 이때 나는 상대방에게 그의 리듬을 다시 받아들일 수 있다는 것을 확신시킨다. 이런 허락이 그를 위로하는 것으로 느끼고, 빈번하게 엄습하는 억제성을 감소시킨다. 도식의 필요성이 더더욱 지지되고 그가 실행하는 권리가 인정된다. 만일 환자가 억압적으로 달래려는 것을 변화시킬 수 있고 아무 일도 일어나지 않고, 어떤 처벌도 어떤 파국도 일어나지 않는다는 것을 인식한다면 그는 전환점을 맞을 것이다. 그가 이해하는 것으로 나는 변화를 점점 더 크게 일으키도록 시작할 수 있고, 결국은 아주 잘 변화시키기 시작할 수 있을 것이다.

공간
빈 공간을 차지하기

호흡을 멈추어 도약하는 것으로 무용가의 신체는 큰 무대에서 기대에 찬 공간에 훌쩍 뛰어 오른다. 즉시 그 공간은 의미를 지니고 신속하게 뻗은 이런 형상에 집중된 초점을 지닌다. 그 공간은 무용가의 영토이고 그를 위해 만들어졌고, 그에 의해 움직임으로 채워질 수 있다. 이 움직임은 그 공간을 그 자체로 활기를 띠게 하고, 모든 차원에서 사방으로 그의 개성을 전개시킨다. 그의 신체는 이런 큰 배경에서 그의 형태와 심상을 묘사한다.

영아 시절 우리는 공간을 아래로부터 체험한다. 가족의 얼굴과 물체들이 우리를 내려다본다. 이런 거대한 모양들이 위안이 되는가, 또는 불안하게 하는가?

우리는 첫 번째 걸음마를 사람들 앞에서 행하면서 시야가 확장된다. 우리 자신의 시간을 재는 표준에서 우리의 고유한 방식으로 공간을 매혹적으로 조금씩 확장하는 것을 연구하는 것이 우리에게 허용되어 있는가?

결국 공간은 개방되어 있고, 더 커지는 경험을 하게 된다. 사람들은 나무들을 기어 오를 수 있고, 거리를 거닐 수 있고, 잔디

스케이트 선수는
공간을 체험한다.

밭에서 뒹굴 수 있으며, 별들을 볼 수 있다. 공간을 정복하려는 우리의 욕구는 만족될 수 있는가, 아니면 사라지는가, 우리는 지금 우리 주위의 공간과 어떤 관계를 갖는가?

공간은 위협으로 또는 기쁨으로 경험될 수 있다. 그 공간의 높고, 낮음. 그 공간의 넓고 좁음에 대한 우리의 반응들은 황홀에서 참을 수 없는 불안에까지 영향을 줄 수 있다. 어떤 사람들에게는 마음에 드는 것일 수 있고, 다른 사람들에게는 부담이 될 수도 있는 것이다. 세상을 방랑하는 것은 우리에게 평화로움을 줄 수 있거나, 우리를 놀라게 할 수도 있다. 만원버스와 관람석, 끝없이 넓은 사막의 지평선이나 바다의 수평선. 그것들 모두는 개개인 반응의 다양한 면을 일깨운다.

각기 다른 민족들의 땅의 공간성은 민족들의 특성에 영향을 주는 것처럼 보인다. 알프스의 장엄한 힘은 그 안에서 살고 있는 내 고향 사람들에게 영향을 준다. 우리는 보호받고 안전하고 또는 위협받는다고 느끼는가? 우리는 그 산 꼭대기를 넘어 시선을 세계로 보내는데 두려움을 갖는가? 마치 우리는 격렬한 행동이나 대담한 사고가 우리를 감시하고 보호하는 산의 요정을 괴롭힐 수 있을까봐 두려워하는 것처럼 보인다.

나는 우리가 말이 없고 과묵한 국민으로 간주된다는 것을 안다. 이것은 나에게 또, 우리의 움직임을 절약하는 것에 의해 더 두드러지는 것처럼 보인다. 그에 비해 남쪽에 있는 우리의 이웃은 광대한 햇볕이 잘 드는 하늘 아래서 이태리어를 말하고, 과시하듯이 행동을 하는데, 그들이 느끼는 것을 그들의 신체 언어로 보여준다. 우리는 그들을 정열적인 남부인으로 간주한다. 사람들이 그 융

성하거나 심미적인 생각에서 무엇인가를 더하거나 빼고(가구를 옮기고, 다른 그림을 걸고… 등등) 하면서 사람들은 항상 이미 그 공간의 모습을 변화시키기에 바빴다.

그들 정원의 기초를 어떻게 마련하고, 발코니에 나무를 심고, 그의 삶의 공간을 형성하는 대에 대해 그들이 관심이 있다는 것을 깨닫는다. 사람들의 노력으로 바다나 마천루에 긴 다리가 걸려 있고, 고속도로는 세계질서 속에서 노력하고 국가의 면적을 가로질러 굽이쳐 뻗친다.

경제적, 지리적, 정치적 그리고 다른 상황으로 당황하는 사람들에게는 종종 이해되지 않은 요인들이 삶의 공간을 규정하고 그 공간의 경계를 설정하여 그 공간들의 연결 활동의 자유를 제한한다. 우리는 결혼식들, 장례식들, 그리고 다른 사회적인 사건들을 그만큼 더 조심스럽게 계획한다. 궁정 군인들의 축제 행렬 등은 인간들의 신체를 배치하는 예술 중 걸작이다. 그리고 종교적 의식을 행하는 무용의 연출은 얼마나 인상적인가!

가장 사랑하는 사람은 얼마나 가까이 우리에게 올 수 있으며, 잘 아는 사람은 어느 정도 가까이 올 수 있는가? 그리고, 낯선 사람은 어느 정도인가? 우리는 우리들 자신을 위해 얼마나 많은 공간을 필요로 하는가? 많이 혹은 적게 우리는 충분히 신체적인 접근을 감지할 수 없는 사람들에 속하는가? 아니면, 우리는 모든 인류에게로 향하는 사람인가? 접촉하는 것, 쓰다듬는 것, 껴안는 것으로 알 수 있는가? 또는 우리는 완전히 반대로 경험하는가? 누군가가 우리에게 다가오고 손을 댄다면 우리는 불안하게 느끼는가? 물러날 것인가? 우리에게 다가오는 사람에 대한 불안? 우리에게서 얼마나 멀리 떨어져서 우리는 다음과 같은 간판을 세우는가?

"접근금지"

내가 아이였을 때 놀이나 운동을 하다가 종종 어떤 나이든 남자를 만났던 것을 기억한다. 그 남자는 벽과 울타리에 몸을 가까이 대고 있었다. 그래서 나는 그가 벽을 따라 문지르는 옷의 소리를 들을 수 있었다. 아이들은 호기심 있게 그를 따라했다. 우리 모두처럼 그는 어째서 보도 한가운데로 걸어가지 않았는가? 나는 이 남자가 벽, 담, 울타리를 보호막으로 생각하면서 의지할 곳을 필요로 했고, 그 의지할 곳을 감지해야만 했다는 것을 이제서야 안다. 이것은 정신과적 증세를 가진 사람들이 공간감을 내가 처음으로 체험한 것이었다.

그 이후 나는 병원 안과 밖에서 마치 그들 앞에 매복해 있는 것을 두려워하는 것처럼 움직이는 많은 남자들과 여자들을 보았다.

마치 두 벽돌 사이를 걸어가는 것처럼. 편편하게 옆으로 해서 이동하는 신체들.

다른 신체들과 맞부딪히는 신체들과 결코 그곳에 있지 않은 다른 사람들을 조심스럽게 피하는 신체들.

보이지 않는 짐에 의해 굽혀진 신체 그리고 마치 희미하게 붉은 하늘을 보는 것처럼 보이는 신체.

유산을 횡령한 사람처럼 기어 돌아다니는 신체.

마치 불타는 건물에 발을 들여 놓는 것처럼 구부러진 신체.

나는 변명하는 것이 공간에서 어떻게 그려지는지 그리고 품격을 떨어뜨린 것과 일상적인 것과 비열한 것이 어떻게 그려지는지 볼 수 있다. 그러나 대개 나는 이런 신체에 불안이 숨겨져 있다

공간에 대한불안(공포)

는 것을 안다. 공간이 적이 된 것이다.

수동적으로 공간에 의해 압도당하는 대신, 나는 환자들과 함께 공간을 형성하고 그 공간을 우리들로 활기를 띠게 하려고 시도한다. 우리는 그 공간에 도전할 수 있다. 일반적으로 우리는 그것을 다음과 같이 시도하고자 한다.

팔을 낀 채 우리는 위험지역에서의 전투대열처럼 돌진하는 인간 사슬을 형성한다. 우리는 위협적인 공간을 가로지르면서 마치 그 공간을 잡을 수 있는 것처럼, 그 공간을 공격한다.

주먹으로 두드리고, 밟고 미는 것으로 우리는 그 위로 뛰어오르거나 주위를 두드리고, 그것을 횡단하고 그 아래를 가로질러 기고, 그것을 길 밖으로 내던진다. 그러나 우리는 그 공간과 함께 놀 수 있고 그 속에서 주위를 날아다닐 수 있고, 유쾌한 모양으로 춤을 출 수 있다. 우리가 행동을 하면, 그 공간을 능동적으로 체험하게 되고 그들은 그 공간의 위험을 잊어버리고 그 공간을 기꺼이 받아들일 수 있다.

헨리

3년 동안 나는 병원에서, 조금은 의기소침한 분위기 속에서 일을 했다. 환자들은 아직 언어적 표현을 수용할 수 없었다. 어느 날 아침에 나는 파트너 훈련을 할 것을 결심했다. 이 훈련에서 참가자들은, 한 사람은 다른 사람이 복종해야만 하는 명령을 했다. 상대방이 한동안 명령을 하는 사람의 역할을 했다면 그 후에 역할이 바뀌었다. 나는 환자들이 어린 시절에 학교에서나 병원에서 얼마나 부딪히게 되었는지를 알고 있기 때문에 그가 무엇을 하고 그가 어떻게 처신하는지를 말하는 것이 그들을 유쾌하게 만들 수 있다고 생각했다. 나의 환자들에게는 모든 것이 평탄했고, 그들의 상대를 위해 움직임의 임무를 생각해내는 것이 실제로 그들에게 큰 흥미를 주었다. 만일 누군가 명령적으로 되었다면 나는 그의 상대에게 복종을 거부하도록 고무시켰다. 또는 자기주장이 생겨나고, 힘의 감정에서, 엄격하고 충분히 목적에 합당하다면, 명령을 받아들이도록 했다.

한 쌍의 예외가 있었다. 그 부인은 항상 주도권을 갖고 있었고 그 남자는 진지하게 그녀의 바램대로 쫓아 했고 감히 그녀에게 거절하거나 스스로 명령을 하지도 못했다.

"왜 당신은 힐다가 행하는 것을 바꾸어 하자고 한 번도 말하지 못하나요?"라고 나는 그에게 물어보았을 때, 헨리는 어찌할 줄 모르고 미소를 짓고 있었다. 그는 힐다에게 동의할 것을 절망적으로 부탁하는 것처럼 보였던 몇 가지 진심에 우러나는 움직임을 시도한 후에 사죄하듯이 다음과 같이 말했다.

"무의미해요, 나는 그래요, 집에서 나의 부인은 무엇을 할지 나에게 말해요, '가서 쓰레기통을 비워요, 잔디밭 살수기를 사용해요, 돈을 집에 가져오는 것을 잊지 말아요, 당신 머리를 자르도록 해요, 면도하는 것을 잊지 말아요, 오늘 저녁에 캔들러씨 댁에 초대 받았어요, 등… 트루디, 나는 이런 훈련을 단순히 할 수는 없어요!"

그래서 나는 "그것을 나와 함께 시도해 보겠어요 헨리?"라고 그에게 물었다. '나는 아주 기꺼이 당신이 말하는 대로 따라해 보고 싶어요. 내가 무엇을 어떻게 할지 정확히 알기 위해서 당신은 크고, 분명한 신호를 주어야만 해요.'

처음에 그의 명령은 아주 불확실했다. 나는 그가 정확히 무엇을 하고 싶어하는지 추측해야만 했다. 지시에 따라 나는 회전을 했고, 자리에 앉았고, 뛰어 올랐고, 그의 지시에 따랐다. 나는 아주 잘 할 수 있었다. 그는 그의 눈을 믿으려 하지 않았다. 갑자기 그는 명령하는 것이 얼마나 간단한지 알아챈 것 같았다. 왜냐하면 그는 더 대담해졌기 때문이다. 나에게 이리저리 명령하는 것이 그에게 재미를 주었다. 그의 움직임은 지배자의 권위를 지니고 있었고 그 움직임은 공간 내에서 밖으로 이어졌다. 그리고 그 움직임들은 나를 소모성 있는 활동을 하게 했다. 나는 뛰어다녔고, 재주를 넘었고, 몸을 구부렸고, 넘어졌고, 기어 다녔고, 뛰어 올랐고, 내가 지칠대로 지쳐 의자에 털썩 주저앉을 때까지, 우리는 둘 다 웃었고 헨리는 나를 껴안았다.

나는 다음 날 그를 보지 못했다. 그러나 겁쟁이에서 명령자로 급격히 변화한 후 그가 변함없이 다시 나타나리라고 기대하지 못했다. 헨리는 그의 짧은 여행에서 돌아오기 위해 거의 한 주가 필요했다. 그가 다시 돌아왔을 때, 그의 거동은 온화했지만 그의 눈에는 새로운 광채가 있었다. 그는 의지를 갖고 활동하기 시작했다. 반동이 있었음에 틀림없다. 건강한 자의식이 처음으로 번뜩이는 것이 그에게 나타났다. 그의 움직임은 천천히 자신이 있어지고, 그의 상대와 함께 활동하는 것이 그의 소원을 명백히 표현할 수 있었다는 것을 보여주었다.

헨리가 병원을 떠나는 날, 나에게 그의 부인을 소개해 주었는데 그녀는 키가 작고 미소를 짓고 있었으며, 예리한 부리처럼 보이는 뾰족한 코를 갖고 있었다. 그녀의 등 뒤에서 헨리는 나에게 움찔움찔 움직였는데, 마치 그가 “지금부터 나의 작은 부인과 반반씩 할 거에요.”라고 말하고자 하는 것처럼, 그녀 쪽으로 우스꽝스러운 동작을 해보였다.

사물과 사람들을 똑바로 쳐다보면서, 주장할 능력이 없는 사람들은 아주 빈번히 숨는 경향을 발견한다. 바로 나의 환자들인 그들은 생각을 숨기고 그들이 느끼는 것에 대해 말하지 못한다. 자신 밖으로 나올 수 없고, 누군가 말하면 따라서 말한다. "나도 그래요. 나도 그렇게 느껴요."

우리 중 많은 사람들이 한평생 자기만의 비밀을 가지고 방황한다. 이런 자신을 보여줄 수 없거나 보여 주려 하지 않는 것은 이 사람들의 신체에서 관찰될 수 있다. 그들은 손을 계속 호주머니 속에, 팔 아래에, 또는 등 위에 대고 있다. 그들은 입을 손으로 가리고 있다.(두 손으로) 어깨는 높이 끌어당겨지고 목은 거의 보이지 않고, 될 수 있는 한 그를 볼 수 없게 골반을 움츠린다. 발을 숨기고, 무릎과 엉덩이는…

나는 항상 될 수 있는 대로 환자가 지금 있는 상태에서 시작하려고 노력하기 때문에 숨바꼭질로 시작한다. 그가 자신을 숨긴 것으로 확인되기 전에는 "당신을 보여줘요"라고 요구해선 안 된다.

나는 우리가 어릴 때 숨바꼭질했던 때를 생각한다. 한사람이 열까지 세었고, 그런 다음 "찾는다"라고 말했다. 우리 모두는 그 당시 숨을 곳으로 아주 잘 찾아 갔었다. 그 상황처럼. 그것을 환자들과 행한다. 그들은 한구석에 웅크리고 있고, 커텐에 감싸고, 바닥에 편편하게 눕고, 자신을 될 수 있는 한 작게 만든다. 놀랄만한 흥분이 모두를 사로잡았고, 심장은 각자의 목까지 고동친다. 술래가 억제된 웃음을 참았으나, 웃어서 결국 찾을 때까지…

이 작업에서, 나는 환자들이 개별적인 신체 부분을 숨기도록 한다. 그들이 지금 숨기려고 하는 모든 것, 입, 손, 발, 등, 그들에게 의식된다. 긴장상태와 움직임이 생기고 움직임은 표현과 혼합할 수 있다. 다정한 언행, 분노, 애착, 모든 것이 움직임이 진행되는 것 즉, 춤이 된다.

"나는 숨어요."

이런 숨는 작업 후에 나는 환자들이 자신을 보여주는 것을 배우게 하고 싶다. 그래서 나는 스튜디오를 거대하고, 관람석에 의해 에워싸여 있는 투우장으로 만든다. 이런 특별한 형식의 공간을 선택하는 이유는 그 공간에서는 숨을 만한 어떤 장소도 없기 때문이다. 거대한 원형광장 내에서 사람은 완전히 사방에서 보여질 수 있다. 뿐만 아니라 투우장에 대한 착상은 환자들이 자신을 관련시킬 수 있는 광경을 포함한다. 정치가, 투우사, 저승과 유황으로 위협하는 성직자, 마네킹, 그 모든 것은 단지 보여지고 싶어하는 것이 아니라 보여져야만 하는 사람들이다. 한 사람씩 차례로 환자들을 원형 광장에서 움직이게 한다. 영화에서 클로즈 업 장면처럼 우리는 집단에, 세계에, 우주에, 손을, 코를, 사람의 앞, 옆, 뒤를 우스꽝스럽게, 극적으로 약하게, 좋게, 조화롭게 모든 변이로, 변화가 많게 그리고 여러 가지로 보여 주었다. 왕이 오고, 그의 머리 왕관을 거만하게 들어 올린다. 횃불을 든 사람이 온다. 그는 그의 빛을 모든 세계에 보이도록 높이 들어 올린다. 장군이 온다. 그는 훈장을 바깥쪽 가슴에 달고 있다.

각자는 왜 자신을 보여주려고 하는지의 이유를 곰곰이 생각한다. 우리의 투우 경기장이 서커스장이 되었다고 하면, 환자들은 예술가 흉내를 낸다. 그들의 예술에 대한 성과를 나타내는데 좌우되는 사람들. 서커스에서는 각자가 누구인지 그리고 어떤 식의 곡예를 그가 실행하는지에 대해 의심하는 일이 없다. 각각의 움직임은 즉각적인 협조를 목적으로 편성되어 있다. 이런 모든 곡예사들은 공간을 그의 신체로 지배한다. 그의 강력한 집중은 관객의 집중을 강요한다. 그의 전체 삶에 의해 충족된 신체는 그 자신에 대한 주의를 환기시킨다.

처음의 불안정 후 각각의 역할들은 그룹을 지배하는 힘을 얻고 맹수를 부리는 사람, 어릿광대, 줄 타는 광대, 곡예사들로 보여질 수 있다. 개개의 사람들이 이전에는 결코 움직이지 않았던 이들이 그 공간에서 새롭게 움직이는 것을 본다. 그들이 어떻게 공간과의 새로운 관계를 발전시키는지를 체험하고, 점점 더 그들의 몸짓은 그들이 묘사하고자 하는 역할을 표현하기 시작한다.

나는 이런 식의 활동이 항상. 개인과의 접촉을 할 수 있게 한다고 확신한다. 이 활동은 반응을 하게 하고, 공간에서의 표현 어휘를 늘게 한다. 그리고 이 활동에 대한 모든 반응은 하나의 대답이고 정보의 중요한 원천이다. 나는 환자가 갑자기 그의 움직임의 도식을 변화시키거나 새로운 감정의 반응을 보이거나 예기치 않게 그것에 대해 말하기 시작했을 때 정신과 의사가 함께 참석해 있기를 얼마나 자주 바랬던가! 움직임이 새로운 신체를 경험할 수 있게 하고, 그들 편에서 새로운 기본을 경험할 수 있도록 하고, 따라서 정신의학을 연구할 수 있는 새로운 자료를 제공할 수 있다는 것이다.

나는 하나의 교수법을 갖고 있는가?

수년간의 연구로 확실한 것은 강의를 구조화하는 척도를 가지는데 큰 도움이 되었다는 것이다. 여기서 특별히 예술적인 구조를 생각하는데 그 구조는 도입, 전개, 종결을 갖고 있다. 도입을 통해 하나의 생각은 시종일관 이어지고 시간은 관련된 사건으로 발전하며, 리드미컬한 과정, 선율 위에 일관되는 주제를 설명하는 표현과 형상을 기억하게 된다.

나는 무용 치료를 학문적으로, 임상학적으로 행하려고 노력했었다. 또한 나의 환자들과 만나기 위해서는 예술적인 형태로 부터 벗어나는 것이 바람직하다는 것을 인식했다. 왜냐하면 그들 모두는 내가 생각하건대 자신의 내부에 이미 예술적인 재능을 지니고 있기 때문이다. 나아가 이런 많은 형식을 계획하고, 우리를 에워싸고 있는 무한한 형성력에 관여할 필요가 있다.

나 자신을 보면 공포에 관한 환상과 나를 억압하는 것을 형상화하려고 했을 때 건강하게 춤을 추었다는 것을 안다.

나의 감정이나 정서가 어떤 상태에 있었는지 내속에 있는 모든 나쁜 것으로, 혹은 모든 잔혹한 것으로 나를 보여주고자 했을 때 나는 모든 면을 춤으로 표현하면서 그 모든 면을 받아들일 것을 배웠다, 그러므로 나의 환자들도 그렇게 할 수 있다는 것을 알고자 했다. 나는 이 모든 작고 큰 악마들을 이 시간에 처음으로 나타내 보도록 했다. 지금 여기서.

"나의 악마는 심술궂은 사람(빳빳한 솔)이예요."라고 내 환자 중 한 명이 말했고, 아주 훌륭히 온몸으로 빳빳한 솔을 묘사했다.

"나의 악마는 풍선껌이에요. 그는 뚱뚱하고 형식을 갖추지 않았고 질기고, 접착성이 있어요."

"나의 악마는 화를 잘내요. 아주 화를 잘내요!"

"나의 악마는 달리고 또 달리죠. 결코 시간이 없어요. 절대 시간이 없어요. 그러나 달려서 지나갈 때 그는 모든 사람을 조롱해요."

또 어떤 남자의 악마는 아주 판에 박은 것처럼 두 개의 뿔과 흔들거리는 꼬리와 안짱다리를 갖고 여기저기를 살금살금 기어 다녔다. 우리가 우리 안에 있는 악마들을 얼마나 잘 알게 되었는지가 흥미롭지 않은가!

환자들은 스스로에게 아주 도움이 되었던 어떤 과정을 어떤 식으로 체험하는가? 나는 그들에게 나를 불안하게 했던 것으로부터 자유롭게 한 동일한 체험을 전달하고자 했다. 우리를 자유롭게 하지 못하는 꿈. 결코 끝이 없는 이야기 우리를 사로 잡았던 감정. 우리를 괴롭히는 환영. 우리를 추적하는 목소리와 얼굴들. 불안… 불안, 우리는 그것들을 형상화하고자 했다. 리드미컬하게 공간적으로 형상화하여 그것들을 움직이게 하고 적당하게 볼 수 있고 들을 수 있게 하고자 했다.

이미 개인의 비밀은 포기하는 것으로 큰 걸음을 내딛게 되었다. 우리는 더 이상 비밀과 함께 있지 않다. 만일 그것을 넘어, 우리의 기호들을 전 세상에 이해시키도록 하고, 그 기호를 형상화하고 어떤 식으로든 그 기호를 표현하도록 노력한다면 처음에 언급했었던 전환이 나타날 것이다. 환상이 더 이상 우리를 마음대로 하지 못한다는 것을… 또한 분노도, 우리를 더 이상 사로잡지 못한다. 우리 스스로가 환상을 갖고 우리 스스로가 분노한다.

사람들이 자신의 예술적인 실체를 체험하도록 되어 있는지 없는지는. 아마도 그가 인간으로 세상 속에 있는지, 현존하는지에 대해 그렇다고 대답할 수 있는지 없는지에 달려 있다. 그가 그 스스로 사랑을 베풀 때야 비로소 사람은, 사랑을 자신 속에 지닐 수 있고 사랑을 이웃과 세계에 줄 수 있는 것이다.

제 3 부

두 세계 사이에서

즉흥과 형식

환상과 현실 - 용과 친구가 되다

춤을 추는 방법을 알게 되는 동안에 환자들은 자신의 신체상의 본질을 더 잘 알게 된다. 움직임들은 더 자신이 있고, 더 유용해지기 시작하는 것이다. 특히 신체는 감정이 일반적으로 신체를 통해 표현될 수 있다는 것을 경험할 수 있다. 이제 계속적으로 자신의 민감한 자아를 이해할 수 있게 되고, 즉흥무를 위한 준비가 되어 가는 것이다.

즉흥무는 종이 위에 무심코 긁적거린 낙서나 그림과 유사하다. 즉흥무는 신체를 이용해 내적인 충동을 움직이는 것이다. 즉흥무는 각자의 사람들이 의지를 가지고 노력함과 억압함이 없이 신체를 움직이도록 하는 동안의 자유로움과 무언의 연상과정이다.

억압을 배제하는 것은 오래전부터 잠재의식 속에 있었던 감정이 드러나도록 한다. 신체가 오랫동안 억제된 비애, 숨겨진 분노, 나타나지 않은 불만, 또는 눌러놓은 연정 등의 감정을 표현할 수 있다면 의식적인 억압을 하지 않은 특별한 경험을 할 수 있다. 그러한 것이 드러나는 것에서 우리의 신체는 감정에 대해 무엇인가를 말해주는데 우리는 그 감정이 존재한다는 것에 대해 아무 것도 모르는 경우가 많지만, 이런 감정이 존재한다는 것은 의심의 여지가 없다.

이와 같은 경험을 체험한 사람은 그 후 오랫동안 정신적으로 기진맥진 한다. 일시적으로 그는 효과가 없는 상태에 놓이게 되지만, 그 상태로부터 편견 없이 자신을 관찰할 수 있게 되고, 지금의 현실에 새롭게 나타난 감정표현의 힘을 대치시킬 수 있다. 두 가지 사이의 차이를 인식하는 것은 또 다른 자아를 경험하는 것과 더불어 의식적으로 변화를 갈망하도록 할 수 있다.

이런 모든 이론을 실제로 체험하려는 데에서, 당사자에게 신체의 자유를 다시 주려는 것이 나의 첫 번째 노력이다. 자유는 그가 신체의 태도를 평가하기 시작했을 때 잃어버렸던 것이다. 그러나 이런 정신적인 메커니즘을 차단하는 것은 쉽지 않다.

나는 어떻게 이런 신체를 독자적인 행위를 하도록 할 수 있는가? 즉, 정신적인 억압을 풀 수 있는가? 나는 당사자에게 편안히 자리에 앉고, 내면으로 주의를 기울인 것을 신체로 주의를 돌리도록 하고, 그의 심장박동, 호흡, 모든 신체상의 본질을 느낄 것을 요구한다. 그런 다음 그가 그런 것이 필요하다는 것을 인정하자마자. 그에게 그의 신체에 동의하고, 그의 태도를 바꾸도록 그를 격려한다. 이런 다음에는 오랫동안 기다리게 될지도 모른다.

그러나 언젠가는 그 신체는 움직이기 시작할 것이다. 그것은 아주 이상해 보일지도 모른다. 그는 이전에 움직이지 못했던 방식으로 움직일 것이다. 어떤 사람이 정신적인 억압을 푸는 것이 더 오래 지속되면 될수록, 움직임으로 전환된 감정은 더 자유롭게 된다. 이런 방식으로 누군가 갑자기 그의 신체가 우는 것을 듣고, 그의 신체가 어떻게 달려드는지를 보고, 그의 신체가 어떻게 넘어지고 달리고, 뛰는지를 느낄 수 있다. 이런 신체상의 표현으로 그 사람은 스스로 대치된다.

그리고 그는 새로운 행동을 하기 시작한다. 우리가 늘 예견했었던 것 보다 얼마나 더 많은 것이 우리 내면에 있는지를 경험하는 것은 흥분되는 일이다. 그런 체험 후가 건강하다고 느끼는 이유는, 어떤 감정이 신체를 통해 충분히 표출될 때 신체는 갈등을 일으키지 않고 감정을 표현하는 것이다. 즉, 자유롭게 감정을 주저없이 표현하게 된다.

릴리

릴리는 24살이지만, 14살처럼 보였고, 어린아이처럼 행동했다. 혼란과 어지러움이 그녀의 모슨 신체에 나타나 있었다. 양말은 흘러내려, 어린아이 같은 다리 주위에 미끄러져 말려 있었고, 그녀의 블라우스는 마지막에 있는 단추에 의해 연결되어 있었다. 헝클어진 머리카락은 그녀의 이마와 눈에 드리워져 있었으며, 그녀가 항상 지니고 다녔던 지저분한 헝겊인형은 손에서 흔들거리고 있거나 겨드랑이에 끼워져 있었다.

릴리는 전달하고자 할 때 다음의 두 가지 표현을 했다. "나는 원해"와 "나는 원하지 않아" 그리고 단지 두 단어 "그렇다고 말해"라고 말하면서 떼를 썼다. 그리고 그녀는 길게 늘어지는 안개 속에서 울리는 경적과 유사한 소리로 시끄럽게 거절했다.

매일 아침 나는 그녀와 함께 움직였다. 처음에 우리는 친밀한 대화가 이루어질 가능성이 전혀 없었다. 나는 그녀가 무엇을 시작하고, 무엇이 일상적이지 않는지 그녀의 뒤를 밟았다. 때때로 그녀는 작은 회전을 했고, 미소를 짓거나 또는 조금 돌아서 껑충 뛰었고, 미소를 지었다. 이런 행동들은 자주 화장실에 가는 것에 의해 중단되었다. 그녀는 옷을 입은 채로 화장실에 앉았고, 아래옷은 완전히 흠뻑 젖어 있었다. 이때 그녀는 오른쪽 가슴을 블라우스 밖으로 끄집어내었고 그것을 빨았다. 얼마 후에 그녀는 가슴을 다시 블라우스 안으로 넣고 일어섰다. 나는 그녀를 겨우 깨끗이 하고자 했고, 그녀의 손과 다리를 씻겼다. 그 모든 시간 동안에 릴리는 어린아이 같은 투정 섞인 언행으로 알아듣지 못하게 투덜대고 었었다.

어느 날 오후 나는 릴리의 방에 있는 환자들에게 그들이 보고, 생각했던 릴리의 움직임으로 그 공간을 지나갈 것을 요구했다. 그러나 만일 그들이 그녀의 신체가 다르게 움직이려 했다는 것을 알아낸다면 그들은 그녀의 신체가 그렇게 하도록 내버려 두어야만 한다. 오랫동안 그들 모두는 홀에서 방랑했다. 그런 다음 누군가 더 빨리 돌아다녔고, 다른 누구는 더 천천히 돌아다녔고, 누구는 팔을 휘두르기 시작했고, 다른 누구는 둥글게 빙빙 돌았다.

뒷 사람은 자리에 앉았고, 앞 사람은 누웠다. 사람들은 누군가가 우는 것과 누군가가 웃는 것을 들었다. 릴리는 걸었고, 또 걸었다. 마치 그녀는 최면상태에 있는 것처럼 표정 없는 얼굴로 걷다가 갑자기 그녀는 고함을 질렀다. 그리고는 주위를 빙빙 돌았고, 나를 향해 돌진해왔다. 그녀는 나를 감싸 안았고 소리를 쳤다.

"나는 두려워요, 나는 두렵다고요, 나는 엄마를 미워해요!" 나는 그녀가 소리치는 것을 멈출 때까지 그녀를 껴안고 있었고, 그런 다음 나는 부드럽게 그녀의 손을 잡았다. 그리고 그녀와 함께 큰 홀을 지나갔다. 천천히 그녀는 진정되었다.

그리고 내일 우리는 오늘 멈추었던 곳에서 다시 시작할 것이다.

릴리의 발달장애 상태가 오래전부터였다는 것이 명백할지라도 그녀의 신체는 이 날, 정신적인 고통의 절박함을 새롭게 불러일으켰다. 그리고 릴리는 이런 고통을 아주 일상적인 폭발로 사실적으로 묘사했고 해당하는 단어로 표현했다. 사람의 고통이 그런 식으로 신체적으로 나타나고 신체에 의해 표현된다면 즉흥무는 그 가장 중요한 목적을 이루었다고 본다. 그 다음 즉흥무를 계속하는 것은 의미가 없다. 왜냐하면 흔히 신체가 감정을 부여하는 것과 마찬가지로 신체는 항상 다시 동일한 감정을 표현할 것이기 때문이다.

힘과 흥분된 정서가 일시적으로 빠져 나갔을지라도, 그것들은 새롭게 모이게 된다. 다시 빠져나가고, 다시 모이기 위해서, 이것은 그 문제가 변화를 겪지 않고 수동적으로 상황을 받아들이는 순환이 될 수 있다.

이제 당사자가 그의 주관적이고, 새로운 감정들에 대해서 객관적이고 명백한 형상을 부여할 때이다. 이때 그 당사자 자신이 이런 형상화를 위한 도구가 된다. 그는 어떤 공간을 창조하고 움직임들을 선택하고 그 움직임들에 특정한 리듬, 긴장상태를 부여하고 그래서 지금까지 그를 지배하고 있던 그의 감정을 압도하는 그의 감정을 형상화한다.

환자들은 나에게 그들의 감정과 갈등, 그들의 혼란과 환상을 표현하기 위해 많은 춤의 형식들을 선택했다. 미움은 탱고로 형

앨리스

상화되었다. 첫 번째 움직임은 잠시 두드리는 것이었고, 그 다음에 급격히 회전을 했고, 움츠러들었고 절박한 자세로 있었던 팔을 뻗는 동작이 수반되었다. 어떤 사람은 넓은데서 점점 더 좁아지는 원에서, 즉 그가 그 장소의 가운데에 서서 틀어박혀 있는 점점 더 주위세계를 배제하는 나선형에서 그의 고립을 보여 주었다. 그것의 제목은 "나는 혼자이다" 였다. 절망이란 감정은 환자에 의해 무엇을 찾는 동작으로 묘사되었다. 환자는 한 방향에서 다른 방향으로 달려갔고, 어지럽게 회전했고, 헛되이 출구를 찾았다. 한 여성의 절망은 갑자기 그녀를 주의 깊게 관찰했던 다른 환자의 자발적인 반응에 의해 해결되었다. 분명히 그녀는 절망하는 사람들에게로 갔고, 그녀는 당황해서 절망하는 느낌의 그들을 의자로 데리고 갔다.

앨리스

내가 앨리스를 처음 보았을 때 그녀는 완전히 기진맥진해서 앉아, 병원 홀에서 울고 있었다. "그들은 나를 비너스에 있는 나의 친구 집에 내버려 두려 하지 않아요"라고 그녀는 흐느끼며 말했다. "그들은 말했어요, 자신들은 그것을 원하지 않는다고 그들은 나에게 그것으로 인하여 전기쇼크를 준다고 말했어요!"

그 다음 주 우리가 상담하는 동안에 앨리스는 자주 저 위의 다른 세계에 있는 사랑하는 친구들에 대해 말했다. 어느 날 나는 그녀에게 물었다. "앨리스, 여기 이 그룹에서 너의 친구들이 어떻게 보이는지 그들이 무엇을 하는지 그리고 왜 네가 그들을 그렇게 좋아하는지 모든 것을 설명한다면 어떨까?" 그녀는 주저하면서 말하기 시작했다.

“그래요, 그들은 내가 그들의 집을 방문할 때면 모두들 아주 기뻐해요. 그리고 때때로 ‘클란데스티네’(Clarndestine)는 나에게 입을 맞춰요.” 그 순간, 그룹에서는 누구도 무엇을 해야 할지 말할 필요가 없었다. 서투르지만 애정 깊게 사람들은 앨리스에게 손을 내밀었다. 사람들은 그녀를 어루만졌고, 또한 그녀를 향해 미소를 지었다. 이런 애정의 표시는 그녀를 기쁘게 하였고 그녀는 묘사를 다시 계속했다.

“그들은 아름다운 금빛의 쿠션 위에 누워요… 그들은 아름다운 금빛의 잔들로 술을 마셔요… 아름다운 금빛의 날개를 타고 여기저기 날아다녀요. 그들은 아주 친절한 아름다운 금빛의 용들을 가지고 있어요. 사람들은 용들과 함께 놀 수도 있고, 용들을 탈 수도 있어요.”

그리고, 앨리스는 그녀의 친절한 그룹원들에게 어떻게 이런 아름다운 존재들이 움직였고, 날아다녔고, 술을 마셨고, 놀았는지를 가르쳐 주기 시작했다.

“그리고 항상 종들이 울렸어요… 바람이 만드는 이런 부드러운 음악… 그리고 그 음악을 나는 여기서는 결코 듣지 못했어요.”

나는 내 종들, 트라이앵글, 종을 끄집어냈고 곧 그 장소는 아름답고 기이한 소리들로 가득 찼고 움직임들과 소리들이 흐르듯이 나르듯이 춤으로 바뀌어 신묘한 노래를 동반하는 야외의 윤무(輪舞)로 발전했다. 모두 다 정중하고 친절하게 최선을 다하였고, 그것은 매우 아름다웠다.

나는 신기하게도 그녀의 합동극단을 아주 확실히 이끌 수 있었던 감독을 보았고, 아주 쉽게 연기로 옮길 수 있었던 배우를 보았다.

앨리스는 우리가 수반할 수 있었던 유쾌한 환상의 형상을 제공했다. 그러나 무시무시한 형상들도 있다. 대단히 소름끼치는 얼굴들, 꼬리가 섬뜩하고 기하학적인 모양으로 구부러진 야생 호랑이, 불타는 듯한 눈을 가진 분노로 달아오른 신, 빛나는 칼로 무장했던 검을 두건을 쓴 음울한 형상들의 무리, 이런 형상들이 얼마나 불안하게 움직였는지, 얼마나 위협적으로 이런 형상들이 말을 했는지 나는 보았고, 이 형상들이 어떤 무시무시한 것들을 그들의 부하에게 요구했는지를 들었다.

엘리스처럼 환자가 혼란스러워 하는 것의 내용이 심리적 고통의 근원일 수 있는 것을 상징적으로 묘사한 것이 다음의 세 가지로 심리적인 효과를 거둔다.

1. 환자는 혼란의 비밀을 다른 사람과 함께 공유하고, 그 비밀을 공개하고 그리고 극복할 수 있게 된다. 그는 그의 존재를 지배한 이런 비밀의 힘을 부수게 된다.
2. 존재의 두 가지 측면이 체험되고, 그는 현실을 환상과 비교할 수 있다. 앨리스는 그 상담에서 자신이 병원 홀에 있고, 비너스에 있지 않다는 것을 알았고, 그녀는 좋은 옛 친구 베티에게 입맞춤을 받았고, 클란데스티네에게 입맞춤을 받지 않았다는 것을 알았다. 그러나 이런 지상에 사는 사람들은 그녀에 비하면 비너스에 있는 친구들과 유사한 상태에 있지 않았는가? 아마도 다른 혹성에서 은신처를 찾는 것은 결코 필요하지 않을 것이다. 아마도 현실은

부드러운 착륙

결코 그렇게 나쁘지는 않았었다!

3. 사람이 환상의 세계를 신체로 묘사하는 것은 두 가지 측면을 지속적으로 평가할 것을 요구하기 때문에 그는 환상과 현실간의 온전한 균형을 발견할 수 있다.

예술가들은 이들과 아주 동일한 과정을 겪지 않는가? 만일 그들이 시, 심포니, 조각, 춤에서 그들의 환상의 비약에 형상을 부여한다면, 두 가지 세계 간에서 그들은 가볍게 움직이지 못하는가? 예술가에게 환상의 형상들을 보거나 듣는 것을 금지하거나, 어린애의 환상이 가득한 놀이를 방해하는 것은 우리가 생각할 수도 없는 일이 아닌가? 그렇다면 우리는 정신착란의 환상을 억압하는 대신에 한동안 그와 함께 날고 그런 다음 그와 함께 이 땅에 안전하게 착륙하도록 시도해야만 한다고 나는 생각한다. 그가 그의 환상에 형상을 부여하는 동안에 그는 하나의 작품을 만든다. 환상과 현실을 일치시키는 것이다.

여기서 나는 환상과 현실, 그리고 환상 속에서 환상과 함께 살 수 있는 필요성을 철저하게 표명하는 두 가지 움직임들에 대해 설명하고자 한다.

야코보

이탈리아에 있는 연구소에서 나는 내가 들었던 것처럼 열아홉 살의 청년이 그렸던 아주 놀랄만한 그림들을 보았다. 나는 이 젊은 사람을 그 당시에 개인적으로 알지는 못했지만 그의 그림들은 나를 매혹시켰고, 그 결과 나는 그렇게 웅대하게 그릴 수 있었던 것이 어떻게 보였는지를 잘 알 수 있었다.

그런데 어느 날 그를 한 의사가 다음과 같은 말로 소개를 했다. "이 사람은 당신이 그렇게 좋아하는 그림을 그린 우리의 야코보야." 나는 그에게 경의를 표했고, 나는 그의 그림들이 각별이 아주 마음에 들었다고 그에게 말했다. 나는 그가 현재 무엇을 하고 있고, 여전히 그림을 그리고 있는지를 그에게 물었다. 그는 지금 공장에서 일을 하고 있고, 한 달 후에 웨이터로서의 훈련을 받기 시작할 수 있다고 나에게 설명했다. 그럼 그림은?

그는 지금 더 이상 그림을 그릴 필요가 없다고 설명했다. 그는 지금 잘 지내고 있고, 그가 나쁜 상태에 있을 때만 그림을 그려야만 한다고 설명했다.

마르크

마르크는 열아홉 살이었다. 그는 내가 일했던 병원에 처참한 상태로 실려 왔다. 그 후 그는 나의 내담자가 되었는데 나는 그가 대량의 LSD를 복용했었다고 들었다. 그는 언젠가, 그들 그룹의 열네 명이 우리의 연구 공간에 나타났던 집단에 속해 있었던 약물 중독자였다.

그때, 그들은 모욕적으로 무관심하게 늘어져 거만한 체 했다. 그리고 이 나이 많은 부인이 그들에게 무엇을 가르칠 수 있는지를 묻는 것처럼 보였다. "아무 것도 결코 아무 것도 가르칠 수 없어요." 나는 그들에게 인정해야만 했다. 비웃는 교만함을 담은 얼굴들에게 나는 실제 아무 것도 제공할 수 없었다. 그들은 내가 무엇을 제공할 수 있는지 눈으로 물었고, 비웃는 교만함을 담은 얼굴들에게 나는 실제 아무 것도 제공할 수 없었다. 그들은 내가 무엇을 제공했어야만 하는지 생각할 수 없었을 것이다. 그래서 나는 그들에게 적어도 앉을 것을 제안했다. 그들은 한숨을 쉬면서 아주 천천히 자리에 앉았다. 그들에게 현대무용과 발레에 대해 내가 알고 있는 것을 설명했고, 나는 그들에게 이런 종류의 춤은 기쁨을 주지는 못할 것이라고 생각한다고 말했다.

"만일 당신들이 춤을 춘다면 당신들은 어떻게 추겠어요, 무엇이 당신들에게 기쁨을 줄까요?"

"로큰롤"이라고 몇몇 사람이 자만하듯이 말했다. 로큰롤이라, "당신들은 음악을 가지고 있나요?" "그럼요!" 그리고 동시에 모든 사라진 것이 잠시 로큰롤 음악의 충격으로 다시 나타나는 것처럼 보였다.

이제 나는 로큰롤에 대해 아무 것도 모르지만 만일 나에게 로큰롤을 어떻게 추는 것인지를 보여줄 수 있다면 기쁘겠다고 말해야만 했다. 그때에 나는 힘든 훈련을 겪은 두 달 뒤였다. "트루디, 마음대로 생각해라." "마지막으로 너 자신을 터무니없이 조절하는 것을 포기해라." "네가 엉덩이를 갖고 있고, 너의 골반을, 엉덩이를 움직일 수 있다는 것을 아니?" 이 젊은 사람들 중 누군가가 아주 특별한 방식으로, 자세를 유지하는 대신 나의 "거대한 자아"를 잊을 것을 가르쳤고, 자세를 잃을 것을 가르쳤다.

그들은 나에게 어떻게 자신을 맥박이 뛰는 리듬속의 고동에 맞추도록 할 수 있는지 보여주었다. 그 리듬들은 인간 내에 있는 본능적인 것을 표현할 뿐 아니라 긍정적으로 본능적인 것이 활동하도록 했다.

어느 날 그 집단에 있던 마르크가 사람들 앞에 섰고, 나에게 말을 했다. "이제 당신은 로큰롤을 출 수 있어. 당신은 시험에 합격했어요. 우리는 당신에게 우리가 무엇을 할 수 있고, 무엇이 우리에게 기쁨을 주는지를 보여줬어요. 이제 당신이 무엇을 할 수 있고 무엇이 당신에게 기쁨을 주는지 우리에게 보여줘."

그리고는 동시에 공동작업 연구에 비길데 없이 아름다운 시간이 나타나기 시작했다. 우리는 춤 치료법 안에서 이해한 것을 행했다. 그리고 2시간 후 나에게 마르크(Marc)는 1회분 복용량 LSD에 대한 그의 체험을 설명했다.

"나는 아주 좋지 않았어요. 아침에 어머니는 나에게 충분히 알려진 도덕적인 훈계를 했어요. '유익한 것을 행해라. 항상 네 방에서 팔짱을 끼고 꿈꾸듯이 앉아 있지 마라. 너는 음악적 재능을 갖고 있어, 연습하고 또 연습해라! 그렇게 계속 가다가는 아무 것도 이루지 못할거야, 당장 피아노 앞에 앉아라!' 나는 피아노 앞에 앉지 않고, 친구에게 전화를 해요. 그리고 우리는 함께 바다로 갔어요. 빛나는 푸른 하늘을 가진 좋은 날이었어요.

나는 끝없는 태양의 모래사장에 앉았고, 약간의 LSD를 먹고, 멀리 바라보았어요. 바다는 넓고 깊고 푸르렀고, 잔잔한 파도가 해안에서 찰싹찰싹 소리를 내었어요. 나는 천천히 환상의 영역으로 의식을 잃어갔음이 틀림없어요. 왜냐하면 멀리 수평선에서 나타난 잔잔한 파도는 작고 극도로 아름다운 음표머리가 균형이 잡혀있었던 선이 되었어요. 점점 더 음표들이 수평선에 떠올랐고 점점 더 가까이 나에게 춤을 추듯이 다가와서, 나를 괴롭혔어요.

음표들은 끊임없이 울렸고, 소리를 내었고 선율적인 리듬들로 말을 했어요. 출렁거리며 살랑살랑 소리를 내는 바다, 바다, 내 머리와 나의 온몸으로 떨듯이 퍼졌고, 갑자기 날카로운 부르짖음 그리고는 모든 것이 조용했고 죽은 듯 했어요. 둔중한 집단이 느릿느릿 뒹굴었고, 나를 깊숙이 잡아 끌어넣겠다고 위협했어요. 아주 말할 수 없는 불안이 나를 엄습했고, 나는 깨어났어요."

그래서 나는 그 젊은이의 짧은 여행을 기록했다. 우리는 그 당시 이런 꿈의 형상들에 대해 이야기를 했고 그가 꿈의 형상들에게 보고할 것이 있는지를 이야기했다. 그리고 우리는 그가 이런 꿈속에서의 음표들을 피아노 음표나 오케스트라 음표로 바꿀 수 있는지에 대해 이야기 했다. 그는 그것을 행했다.

그것은 곤돌라 뱃사공의 노래가 되었다. 그는 그 노래를 우선 피아노를 위해 기록했고, 그 다음 한 소녀가 그것을 노래했고, 마지막으로 그의 작품은 작곡가의 텍스트를 갖는 병원노래가 되었다. 이 젊은이가 그의 곤돌라 뱃사공의 노래를 들을 때마다 얼마나 행복해 했는지 이루말로 표현할 수 없었다.

마르크는 곧 병원을 떠나게 되었는데, 더 이상 재발하지 않았다. 훨씬 뒤에 우리는 한번 만났다. 그는 나에게 말했다. "알다시피 나는 이제 약을 먹지 않고 환상을 가질 수 있어요. 나는 비록 내 어머니가 그것을 금지 했을지라도 꿈을 꾸어도 된다는 것을 알아요. 나는 많은 사람들이 환상 즉, 우리가 기술할 수 없는 세계에 단지 불안을 갖고 있다고 생각해요. 그러나 지금 나는 사람들이 환상도 현실화 할 수 있다는 것. 즉 그 환상은 다른 사람에게서도 체험될 수 있거나 내 경우처럼 이해될 수 있다는 것을 알아요. 그 다음 사람들은 갑자기 더 이상 불안을 느끼지 않게 되어 오히려 하나의 큰 기쁨만이 남아요."

이런 경우에 건강한 사람은 두 가지 존재 차원에서 살아갈 준비가 되어 있어야 한다는 나의 견해를 입증하는 것이다.

춤
실제 치유력을 갖는가?

"춤이 치료적인 효과를 갖는다고 생각한다면 어째서 니진스키(Nijinsky) 같은 위대한 무용가들은 미쳐갔는가?"

이 문제는 종종 춤 치료에 대한 회의론자들에 대해 제기된다. 나는 고전발레가 무용가의 개인적인 표현을 원한 것이 아니라 미적이고, 능숙하고, 매우 어려운 신체기술을 숙달할 것을 요구한다고 생각한다. 주제, 이야기, 문체. 기본단계와 결합이 주어져 있다. 다년간의 끊임없는 연습과 엄격한 자기수련은 복잡한 형식과 규범을 숙달하기 위한 전제조건이다. 무용가는 그의 개성을 단지 규정된 구조들의 한계 내에서만 발전시킬 수 있다.

그는 생각지도 못하는 기술적인 능력에 도달하기 위해서 그의 감정적인 갈등을 억제하는 것이 니진스키를 위해서 지속적이었어야만 한다는 것이 필수 불가결하다. 훈련과 소통간의 삶은 그에게 자신이 실제 누구였는지 또는 자신이 실제로 무엇을 느꼈는지를 보여줄 기회를 거의 제공하지 못했다. 고도의 테크닉을 훌륭히 실행하는 것이 그를 그의 불안들로부터 자유로울 수 있게 했거나 그의 개인적인 문제를 해결할 수 있었다. 그가 행할 수 있었고 행했던 것은 그 자신의 신체에 어떤 놀랄만한 자제력을 가했는지를 보여주는 것이었다. 압제 하에 있는 사회에서는 억압하는 방법을 가져야 한다. 그는 "무용가"가 되기 위해 "인간"이기를 거절해야만 했다.

무용가들은 그들이 표현하고자 하는 것을 표현하기 위해서 그들이 필요로 하는 기술적인 필요조건에 내맡겨진다고 생각한다. 그들이 배우는 유일한 "양식"은 이상적인 신체에 대한 관념에 놓여 있다. 그들은 기능적인 신체와 그들의 감정과 그들의 이야기를 설명하는데 사용한 고유한 형식을 창조한다.

때때로 무용가였던 환자들과 함께 일하는 것은 매혹적인 일이다. 그들은 보통사람보다 더 능숙하게 움직이고, 더 잘 협조하고, 더 깊은 인상을 주고, 일반적으로 그들의 신체를 더 잘 사용할 수 있기 때문에 그들의 정신적인 혼란은 처음에는 더 어렵게 인식될지도 모른다. 그러나 더 자세히 관찰할 때 이런 기술적인 노련함은 이상적인 방어일 수 있다는 것을 알았다. 이상적인 방어 뒤에는 인간의 혼란이 그만큼 한층 더 안전하게 숨겨져 있다.

한나

정신과 의사는 사적인 시간동안 나에게 한나에 대해 언급했다. 그녀는 현대무용에서 탁월한 완성을 이룬, 비길데 없이 아름다운 소녀였다. 그녀의 움직임들은 흐르듯이 우수했고 완벽했다. 그녀는 여신처럼 보였다. 명랑하고, 태연하게, 선과 악을 훨씬 능가하는 이 외로운 여신을 그녀가 조화로움 뿐만 아니라 갈등도 표현할 수 있도록 하기 위해서 지상으로 돌려보내야만 한다. 그것은 그녀를 자신의 진실로 이끌 수 있기 위해서이다.

내가 한나와 함께 연구했던 동안에 그녀가 자신의 주위에 일종의 거대한 원을 그렸고, 그 경계선내에서 계속 고립된 채 있는 것을 보았다. 아무 것도, 아무도 이 원의 경계를 파괴할 수 없었고, 그 경계를 넘어갈 가능성도 없었다. 그녀의 손들은 항상 방어태세를 취하고 있었다. 그녀의 팔로 그 공간의 경계선을 엄격히 확고함을 나타내면서 그녀의 허리는 경련을 일으켰고, 부드럽게 되지 않았다.

그녀가 경계를 없앤 원안에서는 결코 어떤 개인적인 감정이 나타나지 않았다. 그녀의 움직임들은 "단지 아름다울 뿐"이었다. 이 재능있는 사제인 그녀를 보는 것은 아주 지루했다. 한나는 언젠가는 그린 원을 파괴하고, 그 원을 넘어갈 능력을 주어야만 했다. 그녀는 조여진 흉곽과 골반을 부드럽게 해야만 하는데 이는 불안으로부터 무감각한 중심을 분리하고 이 슬픈 원에 의해 상징화 되었던 목적에 맞지 않는 방어태세를 허물어뜨리기 위해서이다. 한나는 그녀의 보호조치를 포기하기가 어려웠다. 그녀는 이야기를 했고, 저항을 했고, 그녀는 울었다. 그러나 그 감정내용을 변화시키기 위해서는 그녀의 신체 상태를 변화시켜야만 한다는 것을 흔들리지 않고 믿는다.

한나의 즉흥무가 오랫동안 전개되어 오는 동안 한나는 그녀의 오래된 이상형을 파괴하기 시작했다. 그녀는 인위적으로 만든 형식, 노련한 테크닉을 버릴 수 있는 때가 왔다. 그녀가 지금까지 억압해온 감정에 독창적이고, 의미심장한 움직임이 일어났다. 비틀기와 불협화음은 이제 조화에 대해 두드러지게 했던 그녀의 레퍼토리의 부분이었다. 이제 한나는 자유로왔고, 그녀의 춤 세계는 그녀 존재의 모든 측면들을 보여줄 수 있었다. 그녀는 더 이상 그녀의 진실된 감정을 알려지지 않게 했던 확고함 뒤에 숨을 필요가 없었다. 그녀는 훨씬 매혹적인 형식을 발견했고, 춤의 구성은 이제 그녀의 감정을 탁월하게 표현한 것이었고, 그 자체로 그녀는 무용가로서, 관객을 사로잡았다. 여신은 그녀의 토대로 내려왔고 인간이 되었다.

게오르그

약 1년 후 나에게 다시 한 무용가가 오게 되었다. '게오르그'의 표현방법은 한나와는 완전히 반대였다. 한 형식 뒤에 숨는 대신 그는 그의 갈등을 분명히 명시하기 위해 그 자신의 무용가의 노련함을 이용하였다. 그의 신체는 항상 다시 동일한 동작들을 반복하였고, 모든 방향으로 동시에 모든 방식으로 노력을 했다. 스타카토와 진동, 그리고 항상 완벽한 회전으로 안정되지 않은 급격히 움직이는 동작들로 흔들면서 그는 갈기갈기 잡아 찢는 것처럼 보였고 신체의 부분들이 바닥에 흩뿌려지는 것처럼 보였다.

게오르그가 처음에 즉흥무를 추었을 때 다른 참여자들은 자발적으로 박수갈채를 보냈다. 그러나 시간이 경과하는 동안 우리 모두는 그와 관심을 환기시켰던 모든 주제에 대해 완전히 동일한 움직임의 실행으로 대답했다는 것을 알 수 있었다. 집단은 점차 그의 동일한 실행에 대해 관심을 잃어갔고, 그것에 대해 반감을 가졌고 마지막에는 그 무용가를 거부했다. 동일하고 주관적이며 내용없는 형식을 그가 반복하는 것은 단지 부자연스러운 버릇이었다. 훌륭하게 그 반복이 실행되었던 것과 아주 유사하게.

나는 갈등을 과시하려는 게오르그의 욕구를 절제하려 하지

당신은 언제 마지막으로
춤을 추었는가?

않았기 때문에 그에게 제멋대로 하게 했고 더 강한 긴장, 더 빠른 템포, 모든 방향으로 더 많이 분산되는 것. 더 많이 거역하는 비틀기를 요구했다. 나는 그가 스스로 얼마나 희망 없이 동일한 움직임으로 정체되어 있는지를 확인할 수 있는 지점으로 몰아갔다. 만일 처음부터 즉각적인 변화를 강요했더라면 그의 목록에 또 다른 적이 부가되었을 것이다. 내가 행한 것은 그의 현실적인 적대가 의미 없음을 인식하기 위해서 필요했던 지지를 그에게 해주는 것이었다.

대략 그쯤에서 나는 그에게 하나의 과제를 제시했다. 그에게 그의 상태에 대한 무용 각본을 기술할 것을 부탁했다. 몇 주일 동안 게오르그는 혼자서 일을 했고, 상당히 복잡한 빛의 효과와 소음 효과에 도움을 주었던 환자들에 의해 보조를 받았다. 빛의 효과와 소음효과는 게오르그가 그의 무대에 설치하려 했던 것이다.

나는 유일하게 초연에 초대된 손님이었다. 그는 그의 춤을 "속임수"라 불렀다. 그의 머리는 무대 중앙에 있는 커텐 아래의 바닥에서 나타났다. 이 머리의 눈은 그 시선의 방향을 미친듯한 스타카토로 변화시켰다. 위로! 아래로! 옆으로! 여기저기로! 그리고, 천천히 그의 전체 몸이 기어 나왔다. 신체와 사지는 눈으로 시작된 돌연한 움직임을 이어받았다. 이런 갈기갈기 찢긴 신체가 보이도록 하는 동안에 게오르그가 설치된 빛의 효과에서 나타났다. 거대한 그림자에 의해 에워싸는 것을 보았다.

그의 분산된 자아의 이런 판토마임은 격노한 심적 갈등에서 그의 적수가 되었는데, 그 심적 갈등에서 그는 그 자신의 정체성을 위해 싸웠다. 그는 이런 정신 상태를 하나씩 차례대로 공격했다. 그는 그것을 겨누어 쏘았고, 그것을 질식시켰고, 그것을 갈기갈기 찢었고, 그것을 물리치고, 그것이 죽도록 발을 굴렀다. 환영이 하나도 남아 있지 않을 때까지, 온 무대가 괴물의 죽음으로 상징화해야 했고, 귀가 마비되는 듯한 기계적인 소음으로 보다 자세히 묘사되었다. 이런 환상의 형상들이 사라졌을 때 정적이 엄습했다. 시간이 멈추었다. 이런 적막에서 게오르그의 심장박동은 확성기를 통해 격렬하게 두드리듯이 울렸다. 그의 지칠 대로 지친 신체에서는 평안과 힘이 생기기 시작했다.

심장이 방망이질하는 것이 멈추었고, 부드러운 맥박이 뛰는 리듬이 흘렀다. 그가 그 상태에 있었던 것처럼 그의 모든 자세는 평안과 조화를 발했다. 그의 갈등의 상징이 그 평안을 발견했다는 확신에서 그는 천천히 방향을 돌렸고, 그 움직임으로 게오르그는 새 삶으로 발을 내딛었으며, 그러는 가운데 커튼이 천천히 내려졌다.

게오르그가 자신의 상태를 분석하는 것은 그의 에너지와 재능을 관객에게 이해시키는데 집중했다. 이런 조직적인 연구를 통해 그는 자신의 신체를 비트는 것을 중단하기 시작했고, 동시에 갈등을 벗어나기 시작했다.

나의 관심사는 그를 다시 그의 신체로 보내는 것이다. 왜냐하면 그의 신체를 통해 그는 현실을 경험하기 때문이다. 이때 나의 연구는 본질적으로 다음과 같은 인식에 기초를 두고 있다.

사람은 그 자신을 위해 이웃을 위해, 현존을 위해 중요하다는 것.

사람은 여러 가지 요인들(시간, 장소, 움직임, 리듬, 중심)에 의해 자신을 경험하게 된다는 것.

이 땅의 모든 사람들은 그 자신과 그의 세계를 형상화하는데 협력하고자 하는 예술가라는 것.

우리는 환상이 우리 현실에 존재하는 부분이도록 해야만 한다.

우리는 우리들 각자 그 자신의 진실을 발견하도록 해야만 한다.

이것의 나의 경험이다. 그것들은 내가 케르뮤셀 박사에게 수년 전에는 설명할 수 없었던 "이론"을 형성하였고, 작고 검은 활자로 놓여있는 것처럼 그렇게 그것은 분명히 실행할 수 있는 것처럼 보였다. 그러나 어떤 방법으로든지 하나의 중요한 것이 빠져 있다. 그것은 춤을 좋아하는 자체, 기쁨의 감정, 자신에 대한 황홀감, 춤추는 사람을 감싸는 현존에 대한 즐거움을 기술하기 위해서 단순히 표현할 수 있는 말이 없다.

"당신은 언제 마지막으로 춤을 추었는가?"

제 4 부

루카스

매너리즘의 은유

아무도 어떻게 남자가 되는지 보여주지 않았다

불안의 형식들

내가 국립병원에서 일을 그만둔 후, 약 1년동안 모아놓은 메모들을 훑어나가기 시작했다. 이때 나는 "루카스"란 이름이 붙은 낡아빠진 서류가방을 발견했다. 루카스는 내가 반년 동안 개인으로 그리고 집단 속에서 함께 연구했던 환자였다.

그의 병력(病歷)에는 다음과 같이 씌어 있었다.

「만성 정신 분열증, 긴장성, 정신지체, 편집증적 특징, 20년 전부터 국가 기관에 격리되어 있다. 출생과 가족에 대해 알려진 것이 아무 것도 없다. 말을 하지 않음.」

그 아래에 나는 다음과 같이 썼다.

「Lukas : 붕괴된 자아감. 그 자신과 주위의 세계에 거의 관련을 시키지 못함, 말을 하지 않고 신체적으로 동시에 긴장되어 있고 약함. 그의 움직임은 어디서 시작하고, 어디서 멈추는지 항상 알지 못한다. 왜곡된 신체상과 명백한 움직임의 매너리즘. 경직된 하나의 자세를 고집하는 경향, 의심스럽고 불안하게 끊임없이 사죄한다. 모든 것을 혐오스럽고 더러운 것으로 받아들인다. 우리는 적시에 상호간에 접촉을 받아들이기 시작했다. 상호간의 접근은 우리가 좋아하기 시작했던 그 해 동안에 깊어졌다. 지난 반년동안 환자는 그의 문제를 그리고 싶어한다는 것을 보여주었다. 스케치하고 그림 그리는 것에 대한 관심이 지속되었다. 그의 개성은 천천히 그러나 끊임없이 발전했다. 커다란 변화가 움직임의 신체상에서, 언어적 표현에서, 그림을 그리는 것에서, 보여졌다.」

그 모든 것이 얼마나 희미하게 들리는가! 우리가 서로 싸웠던 많은 시간들에 대한 얼마나 진솔한 보고인가! 나는 아주 분명히 그 첫 번째 움직임을 기억했다.

그 아침에 나는 혼자 스튜디오에 있었다. 갑자기 내가 고개를 돌려 보았을 때 검은 남자가 문에 서 있었다. 나는 그가 들어오는 소리를 듣지 못했다. 내 눈이 우연히 그와 마주쳤을 때 그가 들어오는지 나가려는지 알 수가 없었다. 그는 단지 그곳에 이상하게 대수롭지 않게, 그림자 같이 깊은 침묵에 휩싸인 채 서 있었다. 그런 다음 그는 조심스럽게 움직이기 시작했는데, 그는 항상 벽 옆을 따라 걷는 감금되어 있는 동물처럼 천천히 그 공간을 순회하였다. 그의 발들은 바닥에 거의 닿지 않는 것처럼 보였다. 마치 접촉하는 것이 고통스러운 것처럼. 나는 그의 걸음에서 그의 주위의 불안을 감지했다. 그에 비해 그 자신 안에 있는 불안의 감정은 그의 신체에서 이탈하려고 노력하는 것처럼 보였다. 그 밖에 남아 있었던 것처럼 보였던 것은 불안의 껍질이었다.

내가 거기에 서서 이 형상이 벽을 따라 어떻게 나아가는 지를 관찰했던 것은, 그의 움직임이 하나씩 차례로, 항상 동일한 순서로 반복했던 세 가지의 서로 다른 움직임들도 구성되어 있었다는 것이다. 그는 동시에 갑자기 두 팔을 거대한 곡선으로 올렸고, 거의 손들이 악마의 뿔처럼 구부러진 곳에서 그 팔들을 이마로 가져가기 시작했다.

이런 행동 다음, 악마와 신의 행위처럼 그는 깊이 절을 했고, 그 다음 다시 똑바로 일어섰다. 두 번째 동작에서 그는 손들을 편편하게 만들었고, 손바닥을 아래로 돌렸고, 모서리로 자르듯이 목을 문질렀다. 그다음 세 번째 동작에서 그는 머리를 가슴 위로 숙였고, 머리카락을 부드럽고, 섬세하게 쓰다듬는 움직임으로 앞으로 문질렀다. 특정한 리듬 속에서 부드러운 호흡으로 이행되었던 이런 세 가지의 신중하게 이행된 몸짓들은 무언가를 경건하게 받들어 섬기는 인상을 전달했다. 그러나 그는 실제 이런 몸짓들로 무엇을 표현하고자 했는가? 경건하고 겸손한 인사가 문제를 일으킬 수 있는가? 만일 그렇다면, 그는 누구에게 그렇게 공손하게, 그렇게 자주, 그리고 그렇게 지극히 예술적으로 절을 했어야만 하는가? 우선 나는 거기에 있는 벽을 따라 그 공간의 주위를 돌아 말없이 거니는 것에서 그를 따라가는 것 외에 더 이상 아무 것도 할 수 없었다.

그의 피부는 밀크 초콜릿색이었다. 그는 아름다운 타원형의 얼굴을 가졌고, 그의 사지는 길고, 보기 좋으며, 그의 손들은 가늘고 가냘팠다. 그는 온 몸을 뒤로 기댄 채 있었다. 가슴은 움푹 들어갔고 등은 구부러졌고, 머리는 아래로 눌려져 있었다. 그의 눈은 내리뜨고 있었고, 결코 앞으로 보지 않았다. 단지 때때로 오른쪽으로나 왼쪽으로 눈에 띄지 않는 시선을 던졌다. 그가 그의 상체를 굽혔기 때문에 그는 앞뒤로 흔들거렸다. 그 완전한 남자는 마치 끊임없이 "네, 네, 네…"라고 말하는 것처럼 보였다. 그리고 항상 사람들을 못본체 하는 것, 그리고 머리를 쓰다듬는 것을 보았다.

루카스를 그의 걸음걸이의 불균형으로부터 끄집어내려는 나의 첫 번째 시도에 그는 "오… 오-오…"라고 중얼거리는 것으로 대답했다. 그리고 그는 문장의 의미를 충분히 음미하는 배우처럼 이 음절에 모든 방식으로 강세를 주었다.

"루카스, 나와 함께 뛰어 오르지 않겠어요?"

"오, 오 오!" 그리고 그는 약간 껑충 뛰었다.

"근사한데요? 이제 두 발로 동시에 높이 뛰어올라 볼까요?"

"오? 오? 오, 오, 오…오-…오" 그리고는 곧 그는 다시 그의 습관적인 제스츄어를 시작했다.

루카스는 그의 신체에 대한 관념을 단일하게 갖고 있지 않은 것처럼 보였다. 그는 마치 그의 신체가 서로 와해되는 것 같은 인상을 주었다. 종종 그는 그의 머리가 어디에 있는지를 몰랐다. 그리고 내가 그에게 어깨를 접촉할 것을 요구할 때마다 그는 발을 움켜쥐었다. 또한 그의 집중 시간은 극히 짧았다. 그에게 주제를 재빨리 바꿔어야 한다는 것을 제공한다는 것이 그의 주의를 잃게 했다. 그의 호흡은 작은 비명소리처럼 단시간에 중단되었고, 숨을 들이마셨을 때 그는 아주 무서운 것을 본 사람처럼, 공기를 날카롭게 차단했다. 또한 멈추어진 호흡을 다시 쉬도록 하는 것이 그에게는 어려웠다. 그는 자신의 근육을 이완시킬 수 없었으며, 해방될 수 없었다. 그는 오른쪽과 왼쪽, 높은 것과 낮은 것, 천천히와 빨리 간의 차이를 알지 못했다. 그는 어찌할 바를 모르고, 그의 일방적인 긴장 속에 사로잡혀 있었다. 그는 앉아 있으려 하지 않았고, 신발을 벗으려 하지 않았으며, 모든 관계된 것을 다시 두려워했다. 그는 놀랄 만큼 많은 "오…오…오…"외에는 아무 것도 말하지 못했다.

내가 루카스에게서 받았던 가장 인상 깊은 자기 보고서는 다음과 같은 것이었다. "나는 참아낼 수가 없으며 위태롭고, 자신이 너무 지저분하다고 생각하고 있다." 그래서 나는 루카스를 좋아하고 우리 모두와 마찬가지로 사랑할만하고 그의 상상 속의 위험을 믿지 않는다는 것을 루카스가 알도록 해야만 했다.

어느 날 아침에 내 생각을 움직임으로 옮겼다. 아주 따뜻한 우정 어린 몸짓으로 그에게 내 손을 내밀었다. 오랫동안 그는 벌린 손바닥을 응시했고 스스로에 대한 사실을 처음으로 이야기 했다.

"너는 백인이고…"

내가 루카스에게 들은 처음으로 언급된 문장이었다. 그는 그의 말을 다시 찾는데 석달이 걸렸다.

그 다음 몇 달 동안에 썼던 기록들은 그가 현실적인 삶으로 진보했던 것과 마찬가지로 루카스의 근본적인 갈등을 보여주었다는 것이 명백하다고 믿는다.

"그리고 나는 그렇게 절하고자 한다."

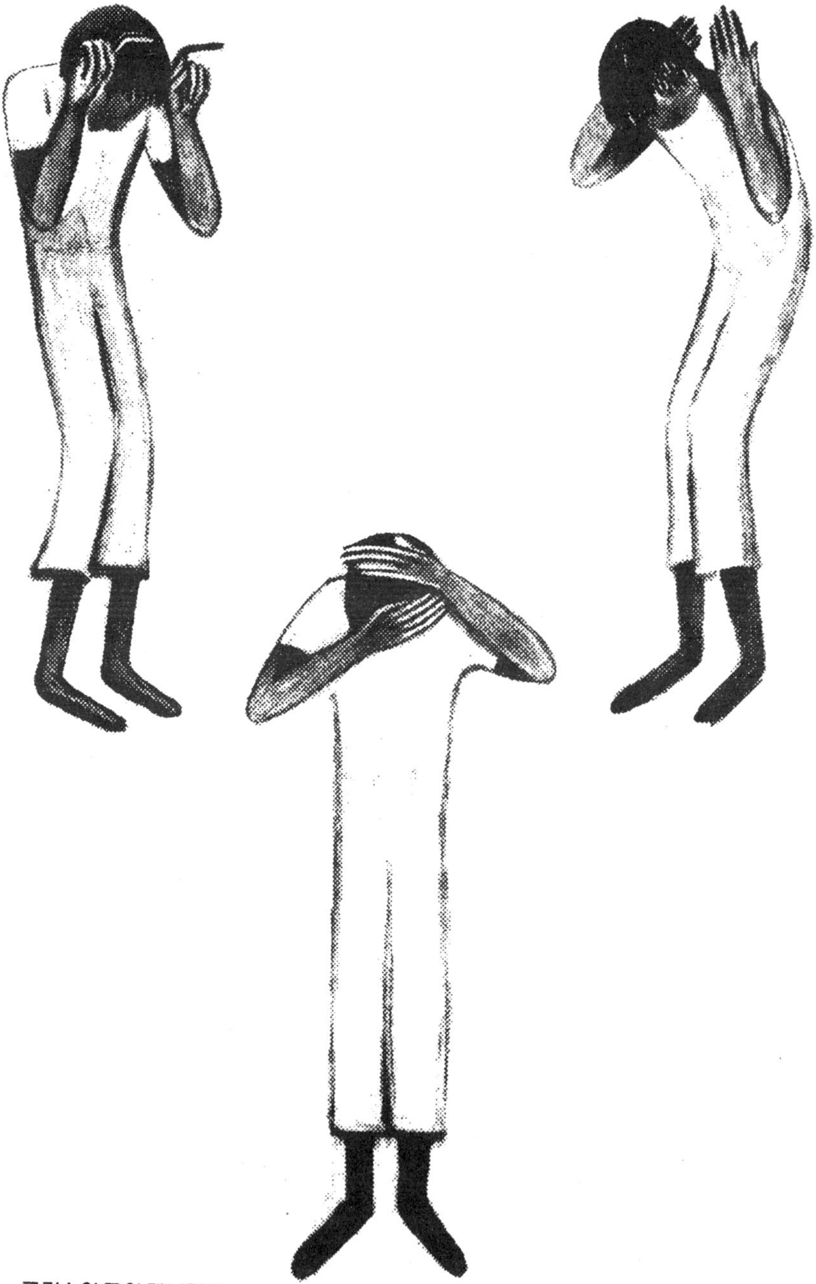

루카스와 그의 매너리즘

오늘 루카스는 처음으로 그의 신발을 벗었다. 우선 그는 오른쪽의 묶여 있던 끈을 풀었고 그다음 왼쪽 끈을 풀었다. 두 끈을 아주 조심스럽게 푼 다음, 오른쪽 신발을 벗었다. 그다음 그는 마찬가지 방법으로 왼쪽 신발을 벗었다. 그가 그 신발들을 놓기 전에 각각의 신발을 비판적으로 아주 철저하게 주시했다. 신바닥, 신뒤꿈치, 끈 그 다음 그는 짧은 양말을 벗었다. 양말을 돌돌 말았고. 각각의 신발에 하나씩 집어넣었다. 그 다음은 놓는 것의 문제가 발생되었다. 우선 신발을 나란히 놓았고, 신발 위를 문으로 향해 놓았다. 겉으로 보기에 만족스럽게 그는 의자에서 일어섰고, 우리는 움직임을 시작했다. 그러나 그는 항상 다시 걱정스럽게 신발을 바라보았고, 곧 그는 신발의 뒤꿈치를 마주치게 해놓기 위해 거기로 다시 갔다. 신발머리를 채플린식으로 옆으로 놓고, 끈을 예술적으로 옆으로 정리했다. 이런 과정은 다시 반복되었고 그의 강박증상이 발생하는 것으로 움직임은 중단되었다.

그는 단지 간단하고 산재해 있는 항목을 연구했다. 각각의 그의 신발은 적어도 모두 네 가지 방위를 가리켜야만 하는 것이 그의 주 불안인 것으로 보였다. 어쨌든 하나의 성과가 보였다. 그는 적어도 지긋지긋한 물건을 떼어 버렸다. 게다가 "안녕하세요."라고 말했고 그의 뿔들이 나에게 머리를 숙이도록 했다.

루카스는 그 공간에 들어오는 것이 금지되어 있는 사람처럼 발을 들여놓았다. 그는 고양이처럼 살며시 기어들어 왔다. 그러나 나는 그의 불안정이 이제 호기심과 섞여있게 되었다고 생각한다. 오늘 역시 신발에 대해 동일한 걱정을 했다. 나는 그에게 내 옆의 바닥에 놓으라고 부탁했고 처음으로 그는 내말에 따랐으며 이것을 성공시켰다. 이것은 방위로 신발을 정리하는 목적을 그가 고집하고, 그의 강박행위를 빈번히 반복하는 것에 의해 여러 번 중단되었던 어려운 일이었다.

나는 그의 인사와 관련하여서 무엇인가를 단행해서는 안되는가? 나는 그가 제스츄어를 이해하려는 내 노력을 감지하고 있는지를 알고자 했다. 내가 그의 강박행위에 단순히 참여했다면 조소적이고 경멸적인 것이 아니라 동정적이고 사랑스럽게 그의 몸짓에 더 깊이 몰두하면 할수록 루카스에 대해 더 많은 것을 알 수 있을 것이다! 그리고 루카스는 누군가 그를 분명히 돌보았다는 것을 기뻐하지 않는가?

나는 정신병동의 간호원에게 내가 루카스의 매너리즘에 참여하고자 한다는 것을 설명하니 그들은 깜짝 놀랐다. "루카스는 당신이 자신을 웃음거리로 삼는다고 생각할거예요. 왜 당신은 좋은 교류를 위태롭게 만들려고 하나요?"하고 말했다. 나는 케르뮤셀 박사에게로 가서 나의 생각을 다시 말하니 "트루디, 그것을 시도해 보세요, 일상적인 것은 아니지만 시도해볼만 하군요."

루카스와 내가 다음 날 아침에 바닥에 마주보고 앉아서 그가 불가사의한 움직임을 시작했을 때, 나는 얼마 후에 끼어들었다. 진지하고 조심스럽게 나는 뿔 모양을 흉내냈고, 몸을 굽혔고, 내 목을 문질렀고 내 머리를 쓰다듬었다. 그의 어두운 얼굴 위에 광휘가 순간적으로 나타나는 것처럼 보였다. 그는 미소를 지었고 나도 미소를 지었다. 내가 옳았는가? 그는 받아들이는 것이다. 그는 이해하는 것인가?

오늘 아침 루카스는 다시 신발을 가지고 동일하게 걱정하는 행위를 했지만 아주 그렇게 지나친 강박 움직임은 아니다. 우리가 오랜 훈련을 했던 바닥에서 일어섰을 때, 내 손은 그의 팔을 문지르고 있었다. 그의 신체는 경련을 일으키듯이 구부러졌고 그의 얼굴은 혐오감으로 엄청나게 찡그린 얼굴로 찌푸렸다! "오! 오! 날 건드리지마! 너는 고통을 당할 것이다! 오… 오… 조심해! 너는 너를 찌르게 될 것이야!"

나는 이전에 내가 터치하는 것을 거부하는 사람들을 본적은 있었지만 나를 그 사람으로부터 보호해야 한다고 생각했던 사람은 루카스가 처음이었다.

오늘 나는 루카스에게 말했다. "루카스 당신이 원할 때마다 좋아하는 움직임을 행할 수 있고, 당신이 옳다면 나는 그 움직임을 함께 할 거예요." 루카스는 여러 번 고개를 끄덕였다. 나중에 나는 이런 허가를 그에게 받는 것이 그를 자유롭게 하는 것처럼 보였다는 것을 알았다. 그가 절을 하는 것은 감정적인 척도가 되었다. 그가 무엇을 느낄 때나, 죄책감이 그를 괴롭힐 때면 그 동작은 자주 특별히 신중하게 실행되었다.

루카스를 오늘 아침 나에게 데리고 왔던 간호원은 나에게 루카스가 다음과 같은 것을 말했다고 이야기했다. 그가 어제 나와 함께 있으면서 기분이 나빴었다는 것이 유감스럽다고 말했다고 이야기했다. 우리의 "접촉"이 문제였다.

오늘 그는 둥근 등과 바른 등 길이의 차이, 숙인 머리와 들고 있는 머리간의 차이를 발견했다. 그는 매우 작고, 불가사의한 움직임을 행했고 내가 그 움직임을 함께 할 때면 미소를 지었다. 그는 내가 몇 가지 익살맞은 동작을 꾸며서 부가했을 때 기뻐하고 놀라는 것처럼 보였다.

우리는 걷는 여러 가지 방식들, 부드러운 평균운동을 행했고, 마지막으로 엄격히 자신있게 행진했다. "나는 남자들이 걷는 것처럼 걸을 수가 없어요."라고 그는 갑자기 분개하며 말했다. "나는 소녀예요. 아무도 어떻게 사람이 남자인지를 보여주지 못했어요." 그런 다음 그는 절망적으로 그의 가슴을 두드리기 시작했다. 온갖 노력 끝에 결국 나는 그 자신의 신체대신에 그 공간 밖으로 이런 격렬한 두드림을 두드리도록 할 수 있었다. 그가 오늘 나를 떠날 때 그는 정중하게 감사를 했고 "메리 크리스마스, 메리 크리스마스, 메리 크리스마스…"라고 말했다.

오늘 나는 다시 접촉을 해보려고 결심했다. 루카스는 기분이 좋았고 자주 미소를 지었다. 우선 우리는 멜로디의 리듬 속에서 우리 자신의 신체의 부분들에 접촉을 했다. 그가 그의 머리, 어깨, 무릎을 대는 동안 마치 그는 아주 낯선 물건을 잡는 것처럼 보였다.

오늘 오후 나는 루카스에게 함께 춤을 출 수 있다는 희망에서 내 손을 내밀었다. 그는 내 손을 한동안 바라보았고 그다음 그는 무시를 했고, "오… 오… 오!"로 중얼중얼 거렸다. 마침내 아주 화가 나서 그의 손을 내밀었고 내 손가락 끝을 잠시 그리고 아주 부드럽게 살짝 건드렸다. 이때 그는 얼굴을 찌푸렸고, 몸을 비비꼬았으며 나에게 눈에 띄지 않는 시선을 던졌다. 그러나 이 모든 반응이 가벼운 유머로 보였다. 헤어짐에 즈음해서 루카스는 뿔모양을 만들었다. 나는 그에게 스위스에서는 사람들이 이별할 때와 인사를 할 때 악수를 한다고 말했다. 그러면서 나는 그에게 내 손을 내밀었다. 그는 내손을 잡았고 강하게 단단히 쥐고 있다는 것을 느꼈다. 그런 다음 그는 "메리 크리스마스"라고 속삭였고 밖으로 뛰어

나갔다.

다음 날 루카스는 아주 의기소침한 것처럼 보였다. 그는 우리가 지금까지 행한 모든 것에 문제를 제기하는 것처럼 보였다. 오랫동안 그는 우리의 피아니스트인 에리카를 쳐다보았고, 그는 그 피아니스트가 있는 이유를 무시하는 것처럼 피아노, 소파, 걸상을 조사했다. 그런 다음 그는 창가에 서서 감은 듯한 눈으로 밖을 바라보았다. 나는 그가 나를 주목하도록 애쓰기 시작했지만 그는 그것을 알지 못했다. 루카스 전체가 거대한 "왜?"처럼 보였다. 그는 그의 손바닥을 응시하고, 혐오스러운 찡그린 얼굴 표정을 짓기 시작했다. 그런 다음 그의 강박 움직임을 하기 시작했다. 그러나 이번에는 무엇인가가 덧붙여졌다. 극히 양식화된 기도하기, 참으로 아름다운 고딕식의 태도, 겸허하게 간청하는 것, 그런 다음 기도하는 손은 그의 몸을 따라 미끄러지듯이 천천히 내렸고, 마침내 신중하게 그의 성(性)을 감추었다.

오늘 나는 처음으로 그가 매우 고집스런 경향을 갖고 있다는 것을 깨달았다. 그는 움직이는 중에 멈출 수 있었고, 한 자세에서 굳어져 있었다. 그는 강박행위에다, 기도하는 것과 그의 성을 감추는 행동을 덧붙였다. 그의 태도는 점점 더 심한 분열증처럼 행동한다. 내가 너무 성급하게 행동한 것일까?

오늘 루카스는 심신 상태가 나쁘다. 그가 다음과 같이 물었을 때 우리는 작업을 시작하기가 어려웠다. "왜 사람들은 끊임없이 나와 함께 무엇인가를 해야만 하나요 나는 춤추고 싶지 않아요. 당신은 대체 내게 무엇을 원하죠, 왜 당신은 나를 내버려 두지 않죠?" 그가 스튜디오를 떠날 때 그는 뿔 모양을 만들었고, 몸을 굽혔고,

화가 나서 이야기 했다. "나는 그렇게 인사할거야. 그리고 나는 그렇게 인사하기를 원해!"

그의 심신 상태가 나의 생각처럼 그렇게 나쁘지는 않았던 걸까? 그는 무엇을 느꼈는지 끊임없이 나에게 보여줄 수 있었다.

오늘 나는 루카스가 더 많은 사람들 속에서 움직이는 주제에 새로운 몸짓, 즉 그의 생식기를 감추는 행위를 덧붙였다는 것을 확인했다. 뿐만 아니라 그는 지속적으로 티셔츠를 끄집어 내린다. 새로운 움직임이 나타났다. 그가 다시 분노해서 그의 가슴을 친 후 갑자기 그의 허벅지를 팔을 뻗어 찰싹 때렸다. 그는 바닥에서 날아가려고 헛되이 시도하는 거대한 새처럼 보였다. 나는 함께 하기 시작했다. 우리는 두드렸고, 우리는 쳤고, 약간은 서로 때렸다. 이런 분노를 훈련하는 것이 그에게 재미를 주기 시작했다. 그가 돌아갈 때, "대단히 감사합니다."라고 정중하게 말했다.

오늘 나는 스튜디오에 큰 거울을 가지고 왔다. 루카스는 거울에 비친 그의 신체 상에 매혹되는 것처럼 보였다. 그는 일그러지게 이를 드러내고 싱글싱글 웃어 보았다. 그런 다음 그는 물통같이 그의 뺨을 부풀렸고, 지나치게 이마에 주름살을 지었다. 한동안 그의 상이 그를 흥분시키는 것처럼 보였다 그 다음 그는 성급하게 거울을 떠났다. 이 순간부터 그는 머리를 더 이상 들어 올릴 수 없었고, 더 이상 나를 보려 하지 않았으며 다시 그의 가슴을 주먹으로 두드리기 시작했다. 이번에는 그가 두드리는 것을 그 공간에서 밖으로 향하도록 할 수가 없었다. 헤어질 때 루카스는 정중하게 "안녕히 계세요."라고 중얼거렸고 그런 다음 그는 바닥을 낙담하고 흔들거리는 걸음으로 걸어 나갔다.

오늘 그는 분노해서 나에게 말했다. "나는 매일 일을 했어요. 그리고 나는 당신이나 다른 사람들과 마찬가지로 모든 것을 볼 수 있어요." 그는 많은 말을 했고, 나는 그에게서 쏟아져 나왔던 모든 말들을 이해할 수 없었다. 그러나 그가 다른 사람들과 다르지 않다는 것을 표현하고자 했다고 믿는다. 갑자기 그는 말을 중단했고, 어찌할 바를 모르고 마지막 말을 했다.

"내가 싫어요."

그가 돌아갈 때 그는 나에게 속삭였다. "내가 당신을 다시 괴롭혀서 유감이군요. 아주 유감이에요. 그 다음 시간에 루카스는 나타나지 않았다. 그래서 나는 그를 데리러 숙소로 갔다. 그는 움직이지 않고, 외면한 채 의자에 앉아 있었다. 그는 나와 아무 말도 하지 않았다.

3일 후 그는 다시 왔으나 그는 화가 났음이 분명하다. 인사하기 위해 뿔 모양을 만들지도, 말을 하지도, 신발의식을 하지도 않았다. 나는 이 분노를 연구하기로 결심했다. 나는 두 개의 두드리는 비로 힘있게 바닥을 두드리도록 그를 고무시켰고, 그런 다음 나는 그가 다룰 수 있었던 북을 그에게 주었다. 나는 그가 더 힘을 주어 두드리게 하기 위해서 팔을 더 높이 올렸을 때 얼마나 두드림이 더 커졌는지를 그에게 보여주었다. 이것이 아주 그의 마음에 드는 것처럼 보였고, 그는 북을 경박하게 취급했다. 내가 그에게 분노의 움직임을 보여주기 시작했을 때 그는 주먹을 쥐었다. 그러나 두드리는 것 대신에 그는 주먹을 어찌할 바 모르고 단지 흔들었다.

이것은 내 견해에서 보았을 때 그의 감정을 완전하게 반영한 억눌린 분노의 몸짓이었다. 조심스럽게 나는 계속 걸음을 걸었고, 그리고 그의 분노를 주먹으로 치거나 걷기 또는 두드리기로 어떻게 나타낼 수 있는지를 보여주었다. 상담 후 루카스는 지쳐 보였다. 그는 신발과 양말을 천천히 신었고, 나에게 헤어질 때 뽈 모양을 보여주었던 얼마쯤의 성실한 시도를 행했다.

여러 날 동안 나는 루카스와 함께 분노를 표현하는 것에 대해 연구했다. 흥분과 활동에 관련하여 진전이 있었다. 그는 이제 각각의 신체 부분을 아주 잘 인식했고, 신체부분을 개별적으로 움직일 수 있었다. 그는 두발로 뛰어 올랐고, 뒤로 물러섰다.

오늘 그는 색깔 있는 천들을 가지고 흐르는 듯이 움직였고, 처음으로 그는 그 천들을 가지고, 즉흥무를 추기 시작했다. 그는 똑바로 걸어갔고, 앞을 바라보았다. 게다가 그의 손이 이전보다 더 오래 내 손안에 있도록 했다. 그는 나를 바로 쳐다보았고, 내 이름을 말했다. 이런 루카스를 나는 좋아한다.

오늘 루카스는 지금까지 보다 훨씬 더 피곤한 것처럼 보였다. 여전히 그는 밀 수도 당길 수도 없었지만 그는 뛰어 돌아다녔고, 춤의 스텝을 시도했다. 시간이 끝날 무렵에 그는 다음과 같이 말했다. "나는 실제로는 말하고 싶지 않았지만, 나는 말해야만 해요. 당신에게 신의 가호가 있기를! 당신은 이성적이에요. 나는 언젠가 어떤 백인인 굉장한 사람을 알고 있었어요. 나는 그를 위해 일을 했고, 3달러를 벌었어요. 나는 기꺼이 일을 했어요." 그는 에리카에게 절을 했고, 나와는 악수를 했다.

간호원은 루카스가 숙소로 돌아가면서 말했던 것을 나에게 이야기했다. "그녀는 아름다워요. 나는 트루디를 말하는 거예요. 그녀는 아름다운 부인이에요."

오늘 나에게 루카스는 병원 정문에서 보았던 꽃에 대해 이야기했다. "꽃들은 흰색, 노란색, 담홍색이에요. 나는 꽃으로 무언가를 할 수 있으리라 믿어요."

오늘 그는 춤을 출 때 처음으로 과감히 공간 밖에서 행했다. 그는 자주 미소를 지었고, 훨씬 경련을 덜 일으켰다. 그 시간 후에 다른 환자인 아모스가 루카스와 나 사이에 앉았고, 매우 의기소침해서 있었다. "봐요. 루카스." "아모스가 걱정을 하고 있어요."라고 나는 말했다. 루카스는 나를 바로 쳐다보면서 대꾸했다. "우리는 우리가 사는 세계가 아주 아름답기 때문에 걱정을 해야만 해요."

오늘 루카스는 약속이나 한 것처럼 들어왔다. 그는 미소를 지었고, 나를 바라보았다. 그는 내가 반대하지 않는다면 알라스카로 옮기고 싶다고 말했다. 우리는 긴장을 완화하는 움직임을 했다. 나는 그의 팔을 잡았고, 그 팔을 움직였다. 그것으로 그는 그 팔의 무게를 감지할 수 있었는데, 그것을 즐기는 것처럼 보였다. 그는 동시에 마치 친밀했던 무엇인가에 대해 새로운 체험을 하는 것 같았다. 사람들이 두드리는 방법을 다양하게 행할 수 있다는 것을 나에게 보여주는 것이 그를 즐겁게 했다. 그는 움직임의 질서에서 매우 우발적이었는데, 나는 그의 강박적인 움직임을 함께 했다. 그러나 이번에는 움직임을 익살을 부리듯이 우아하게 흔들거리는 것으로 끝맺었다. 내가 그의 자세를 흉내내자 그는 많이 웃었다. 그는 나에게 그의 손, 특히 손톱을 보여주었다. 나는 그에게 손톱을 다듬을 것을 제안했는데, 이 제안이 그의 마음에 들었다.

오늘은 많은 변화가 일어나지 않았지만, 루카스는 나를 대하는 것이 더 자연스러워져서, "…네가 옳다면"하고 말했다.

간호원은 뜰에서 마당 꾸미는 일을 루카스가 했고, 그 일을 잘한다고 나에게 칭찬했다. 내가 그에게 기꺼이 한번 가보고 싶고 네가 일하는 것을 보여 달라고 말했을 때 그는 기뻐하는 것처럼 보였다. 루카스는 그가 얼마나 안정된 일을 갖고 싶어하는지를 강조해서 말했다. 그들은 나를 "니그로"라고 말했어요. 하지만 "그것이 아무 것도 틀리진 않아요. 그렇지 않아요?"

오늘 나는 루카스가 일하는 것을 보기 위해 뜰로 갔다. 그는 자랑스러워했고, 그가 얼마나 땅을 잘 일구었는지를 나에게 보여 주었으며, 그의 긴 손가락으로 땅에 물이 흐르도록 했다.

오후의 시간에 나는 공간 연구를 시도했다. 그는 대각선으로 지그재그로 갈 수 있거나, 사각형으로 걸어 내려갈 수 있다는 것이 분명하고 명백해졌다. 단지 원의 형식만은 친해질 수 없는 것처럼 보였다. 그는 항상 원을 열린채로 놓아두었고, 마지막에 가서는 우물쭈물했다. 나는 그에게 종이와 연필을 주었고, 그에게 원을 그릴 것을 요구했다. 지금 그린 원은 그가 공간에서 걸어 내려갔던 것과 아주 일치했다. 선이 맞닿아 있지 않았고, 원은 열린채로 있었다. 그가 계속 그리고 있는 동안 그는 그 자신의 작음 꾸밈을 덧붙이기 시작했다. 그가 그리기를 즐겼던 것이 분명하다.

다른 임무 때문에 며칠 동안 병원에 올 수 없었다. 내가 다시 왔을 때 루카스는 콧수염을 깎지 않고 내버려 둔 상태로 그는 기분이 매우 좋아 보였다. 그는 이전에 자신이 했던 일을 나에게 몸짓으로 보여 주었는데 때리는 것처럼 보였다. 그런 다음 나에게 그 당시에 재배했던 작은 식물들에 대해 이야기했고, 나는 그것이 어떻게 이루어졌는지 보여줄 것을 부탁했다. 이것은 아주 훌륭하게 보이는 형식적인 과제였다. 루카스는 그의 식물들을 일렬로 똑바로 스튜디오의 끝에서 다른 끝으로 옮겼다. 두 가지 식물들은 아주 촘촘하게 서로 대각선으로 심어야만 했고, 사이 공간은 규칙적이 되어야만 한다. 그는 손으로 구멍을 팠고, 각각의 식물들을 조심스럽게 파냈으며, 그 식물을 땅에 심는 동안 그 식물을 묘사했다.

"이 식물은 푸르스름한 자색의 꽃을 갖고 있어요.… 이 식물은 담홍색이고 노란회색이에요. 이 식물은 녹색종류를 안에 갖고 있는 노란색이에요." 서로 다른 색들을 세심하게 그리고 친절하고도 상세히 설명하였다.

루카스는 온종일 이런 매혹적인 식물을 그의 무지개빛 정원에 심는 것으로 보냈다. 그 후에 그는 말했다. "나는 아버지와 어머니가 있어요. 우리는 가족이 300명이에요." 그런 다음 그는 다시 고쳐서 말했다. "오, 오-오 나는 두 명의 남자형제와 두 명의 여자 형제들이 있다고 생각해요. 우리는 다섯 명이에요. 나는 아프리카에 있는 큰 도시에 살았어요. 나는 그녀가 케냐를 싫어했다고 생각해요. 나는 텍사스에도 살았어요. 그곳은 매우 아름다워요."

오늘 루카스는 그의 강박적인 움직임을 한 번도 행하지 않았다. 그가 와서 말했다. "내가 당신을 알게 된 것을 아주 감사해요. 당신은 훌륭해요!"

오늘보니, 그의 애교 있는 콧수염이 더 이상 없었다. 내가 콧수염에 대해 물었을 때, 그는 낮은 소리로 말했다. "당신은 시간이 없었군요."

다시금 그는 완전히 풀이 죽어 있었으며, 나를 쫓아할 수 없었고, 쳐다보려 하지 않았다. 나는 그에게 무엇이 그를 우울하게 만들었는지 물었다. "왜, 내가 옷을 입지 않았어요?" 그는 아주 슬프게 말했다. "왜 내가 똑바로 옷을 입지 않고 있어요?" 나는 루카스가 입고 있는 것을 운동복이라고 한다고 이야기 했다. "오, 운동복이라… 나는 남자처럼 옷을 입고 싶어요. 나는 대체 무엇이죠? 남자? 여자?" 나는 그에게 남자라는 것을 확신시켰다. 그리고 나에게 춤을 추자고 권유할 것을 그에게 부탁했다.

그 순간, 갑자기 그는 안정되어 보였으며 변한 것처럼 활동적이 되었다. 그는 내 손을 잡았고, 미소를 지었으며 열정적으로 나와함께 여러 가지로 춤을 추었다. 그의 숙소로 돌아가는 길에 우리는 그의 정원을 보기 위해 뜰에서 머물러 서 있었다. 우리가 거기서 있는 동안 그는 급작스럽게 격분하여 말하기 시작했다. "나는 내 삶을 백인을 위해 바치게 될거예요. 왜 당신은 나에게 그렇게 친절하죠? 왜 당신은 내 삶에 끼어들었죠? 왜 사람들이 나와 함께 모든 일을 행하죠? 그것이 어떤 의미를 갖죠?"하고 쏟아 내었다. 그런 다음 그는 한 마디 덧붙였다. "당신을 좋아해요.", "나도 당신을 좋아해요, 루카스.", "안녕히 가세요."

오늘 나는 오전에 뜰에 있는 루카스를 방문했고, 그에게 몇 가지 싹을 보여주었다. 그 싹은 그를 위해 심으라고 사가지고 온 것이다. 그는 기뻐하는 것처럼 보이지 않았다. "나는 모르겠어요. 나의 주인에게 물어봐야만 해요. 그가 그것을 지시하지 않으면 나는 아무 것도 할 수 없어요. 주인은 지금 뜰에 있는 모든 식물들을 다시 뽑아야 한다고 말했어요."

오후에 루카스는 풀이 죽어 있었다. 나는 그에게 무엇을 가장 하고 싶은지를 물었다. "나는 백인을 위해 일하고 싶어요.", "당신은 그것을 어떻게 시작하려고 하지요?"하고 물었다. "아마 나는 그에게 인사를 할 꺼예요." 그리고 그는 뿔 모양을 만들었고, 몸을 구부렸다. "그리고 다음에는?", "다음으로 나는 다시 한 번 인사를 할거예요"라고 대답하면서, 팔들을 가슴 위에서 교차시켰고, 더 깊이 몸을 구부렸다. "그 다음에는?" 나는 계속 파고 들었다.

"나는 그에게 다시 한 번 인사를 할거예요." 이번에 그는 바닥까지 몸을 숙였고, 그 다음 똑바로 서서 말했다. "당신은 지나쳐요, 트루디 너무해요!" "당신이 옳아요. 루카스!" 그리고 우리 둘은 웃었다. 그 후에 그는 다시 바닥을 때리기 시작했고, 어떻게 그의 손으로 땅을 파는지, 그리고 어떻게 그가 잡초를 뽑는지를 나에게 보여주었다. 모든 동작들이 부드럽고, 노련하게 실행되었다. 나는 그 순간 그를 바라보는 것이 기뻤다.

다음 날 그가 다시 왔을 때 식물들을 또다시 주었다. 그는 그 식물들을 받았고, 매우 감사해했다. 식물이 담긴 상자를 조심스럽게 두 손에 잡고, 행복하게 기운찬 걸음으로 뜰을 향해 갔다.

오늘 루카스는 고향에 대해 이야기 했다. "고향이 있다는 것은 좋은 일이예요." 그는 내게 휴가를 가져야 한다고 말하고, 나를 그의 숙소에 초대했다. "이곳은 요양소 같아요."

그는 에리카와도 이야기를 했다. "안녕하세요. 오늘 날씨가 좋군요." 그런 다음 그는 말했다. "나는 세 가지 색깔을 가지고 있어요. 바닐라색, 쵸코렛빛 갈색, 검푸른색."

오늘은 믿지 못할 일이 일어났다. 루카스가 아주 정상적으로 들어왔다. 그는 뿔모양을 만들지 않고, 안녕하세요라고 말했다. 그는 신발과 양말을 아주 자연스럽게 벗었고, 나와 마주 앉았다. 그 후에 그의 강박 움직임을 반복해서 실행한 다음 그는 나를 똑바로 쳐다보았고, 겸손하게 말했다.

"그것이 무엇을 뜻하는지 알고 싶으세요. 트루디?"하고 물었다. "그것을 나는 알고 싶군요."라고 대꾸했다. "이것은"하고, 그가 말하면서 몸을 구부리는 것과 쭉 뻗은 두 번째 손가락으로 뿔 모양을 해보였다. "백인을 위해 인사하는 것이에요.", "또 이것은" 그는 전과 동일한 행동을 했지만 지금 그는 뿔 모양으로 작은 손가락을 사용했다. "보이스카우처럼 인사하는 것이에요.", "이것은" 목을 문지르는 움직임은 "내가 아주 힘들게 일했기 때문에 땀을 닦아내는 것과 같은 거예요.", "그리고 이것은" 그리고 그는 머리를 쓰다듬는 동작을 했는가 "더운 날씨라는 것을 의미해요."

"루카스, 나는 당신에게 감사해요. 루카스 정말 감사해요."

마치 루카스는 그 동안에 우리 사이에 있었던 장벽을 제거한 것처럼 보였다. 우리는 서로를 인정하면서 미소를 지었다. 좋은 시간이 되었다.

오늘 루카스는 자신을 검고 흰 얼룩말이라고 이야기 했었다. 그래서 우리는 네 발로 움직였다. 먼저 우리는 얼룩말이었고, 다음에는 다른 동물들이었다. 루카스는 이 놀이를 아주 재미있어 했는데, 그에게 나와 함께 일어서서 다시 사람처럼 걷자고 간청했을 때도 계속 네 발로 있었다. 그러나 그는 내가 강조하고자 했던 사람과 동물의 차이를 알고 있다고 확신했다.

루카스는 며칠 동안 옛날의 뿔 모양의 움직임을 다시 하였고, 그의 생식기 한 부분을 다시 감추고 말없이 우울해 있으며 터놓지 않은 것처럼 보인 후에 루카스는 다시 정상으로 돌아왔다. 나는 조심스럽게, 가장 자신 있고, 가장 쉬운 훈련을 연구했다. 그와 함께 북, 두드리는 비, 작은 천을 가지고 움직였지만 그 공간 안에서도 시도하지 않았다. 그는 다시 질문을 시작했다. "당신은 나에게 무엇을 원하죠? 왜 당신은 나를 내버려 두지 않죠?"하고 물었다. "나는 당신이 건강하기를 원하기 때문이고 또, 당신을 좋아하기 때문이에요."라고 대답하니 루카스는 "나도 당신을 좋아해요.", "내가 당신을 화나게 만들었나요?"라고 나는 물었다. "화나게요? 화나게? 아니야!" 그는 아주 화가 나서 말했다. "그것은 당신 때문이 아니에요!" 잠시 후 그는 분노를 삭이기 시작했다. "나는 이발을 해야만 해요. 그러나 그들은 이발을 해주지 않아요. 나는 이발을 하고 싶어요!"

그가 표현했던 것처럼 그것은 기본적으로 인간이 필요로 하는 것처럼 보였다. 그는 그가 원하는 것을 위해 투쟁하는 남자처럼 나를 똑바로 쳐다보았다.

오늘 아침 루카스는 스튜디오 바닥이 청소될 때를 기다리는 동안 계속 내 옆에 앉아 있었다. 나는 종이를 가지고 왔고, 나를 위해 꽃을 그려줄 것을 그에게 간청했다. 그는 마치 그것이 그에게 익숙한 기분풀이인 것처럼 그림을 그렸다. 그는 꽃이 완성될 때까지 시작된 선을 계속 이어갔다. 한결같이 이어지는 선으로 그는 모든 것이 똑같은 것처럼 보였던 꽃들을 그렸다. 세 개의 잘려진 가지를 가진 줄기였다.

다음 시간은 흥미로웠다. 루카스는 작은 봉고 북을 보고 기뻐했고, 그것을 가지고 분명한 리듬으로 두드렸다. 그의 태도는 자유로웠고, 거의 만족한 듯했다. 그는 나에게 그가 재배했던 열매에 대해 설명하기 시작했지만 그 열매의 이름을 생각해낼 수는 없었다. 그가 다시 그것에 대해 말하는 동안 이름을 더 이상 알지 못했다는 것에 점점 더 화가 나게 되었다. 그래서 나는 이름을 기록하거나, 즐거움을 느꼈던 어떤 것이든지 표시를 할 것을 제안했다. 우선 그는 빈 것처럼 보이는 집을 그렸다.

"이것은 큰 집이에요. 아름다운 회관이죠. 여기는 매우 지적인 사람들이 살아요. 그들은 영어를 말해요.", "그들은 어디에 있죠, 루카스?" 나는 물었다. "나는 그들이 자거나 또는. 또는. 또는… 그들은 휴가 중에 있다고 생각해요.", "그리고 당신은 어디 있죠? ", "나는 학교에 3반에 있어요." 그런 다음 그의 엄마를 그리기 시작했다.

"나의 어머니는 선생님이에요. 그녀는 매우 사랑스런 어머니에요. 그녀는 항상 파스텔색 옷을 입어요. 일요일에 그녀는 나와 두 소녀와 함께 교회로 갔어요. 일요일에 나는 부인복을 입었어요. 다른 날에는 바지만 입었거든요." 루카스는 그가 어떻게 교회로 갔는지 움직임으로 나에게 보여주었다. 그는 움직였고, 몸을 구부렸고, 마치 그가 방해하지 않고 소동을 일으키지 않으려는 것처럼 행동했다. 마치 오늘처럼! 그런 다음 그는 돈을 헌금함에 넣었다. 그는 찬송가 제목 "Down, Down by the River"를 기억해 내었다.

오늘의 루카스는 아주 비밀스러웠고 그의 머리를 지나치게 아래로 숙였으며, 굳어져 있었고, 춤을 추려하지 않았다. 나는 그에게 몇 개의 색연필과 그림 그릴 종이를 주었지만, 그것들을 두려워하는 것처럼 보였고, 그것을 가지려 하지 않았다. 그 대신 색연필의 색깔에 대해 말했고, 낱개의 색상들을 상세히 구별했다. 내가 색연필을 서랍 안에 놓아둘 것이고, 당신은 그것을 항상 꺼내올 수 있다고 그에게 말했을 때 안심하는 것처럼 보였다.

루카스는 마지막 반응에서 회복되었다. 그는 기꺼이 움직이는 것처럼 보였고, 즉흥적으로 그 자신의 춤을 추었다. 이 춤을 위해 그는 이전보다 더 많은 공간을 필요로 했다. 간호원은 그가 요구했을 때, 그에게 색연필과 종이를 주었다고 나에게 말했다. 나는 색연필과 종이를 숙소에서도 그릴 수 있게 그에게 주었다. 그는 아주 기뻐하는 것 같았고, 색연필을 손에 꽉 쥐고, 마루를 내려가면서 말했다. "정말 감사해요. 정말 감사해요. 정말 감사해요. 나는 당신이 비길데 없이 아름답다는 것이 아주 기뻐요."

오늘 루카스는 나에게 설명했다. "나는 거대한 공동체 속에 있었어요. 그들은 나를 '하얗게 칠하는 사람' 이나 '왕' 이라 불렀어요. 아주 좋았어요." 그는 열심히 설명했고, 종전보다 더 세심해졌다. 또한 더 침착하고, 더 진지해 보였다. 다른 한편으로 항상 남성적이고 여성적인 것, 소년과 소녀, 부인복과 바지가 항상 뒤섞여 있었다. 그는 자신이 무엇인지 몰랐다. 그래서 그렇게 자주 "또는 - 또는 - 또는"이라고 말하는가?

오늘 그는 창밖을 바라보며 말했다. "산이 아주 아름답군요. 당신도 아름다워요. 나는 당신이 괜찮다고 한다면 어디로든 옮기고 싶어요. 내가 무엇을 말하는지 이해하시겠어요? 나는 그것을 당신에게 말할 수 없어요… 내가 무엇을 말하는지 이해하겠어요?"

그가 왔을 때 나는 그에게 작은 판 초코렛을 주었다. "당신에게 감사해요. 그리고 메리 크리스마스!"라고 그는 말했다.

루카스는 그에게 주어졌던 우리의 상호간의 시간을 일로 간주했다. "나는 당신에게 감사할 수 있고, 사람들은 나에게 이 일을 주었다고 생각한다는 것을 알아요. 당신은 내가 무엇을 말하는지 알겠어요? …또는? 또는, 또는…?"

오늘 루카스에게는 우울한 날이었다. 나는 그림을 그리고 싶은지를 그에게 물었다. 루카스는 "나는 그들이 그것을 원하는지 모르겠어요."하고 말했다.

나는 다시 그에게 춤을 출 것을 권유했을 때 그는 미소를 지었다. 그러나 그의 춤은 일관성이 없었다. 헤어질 때 그는 말했다. "나는 당신이 끝까지 내 친구로 남아 있었으면 좋겠어요."

오늘 루카스는 다시 더 나아졌다. 그는 나를 위해 좋은 소식을 가져왔다. "나는 얼룩말이었고, 사자였어요." 그래서 나는 그에게 얼룩말이 하는 일반적인 움직임의 연습을 해볼 것을 권유했다. 그는 단순히 방안을 걸어 돌아다녔다. 사자처럼 그는 무릎을 좀 더 구부렸다. 소녀처럼 그는 손을 엉덩이에 대었고, 대담하게 이리저리 엉덩이를 흔들었다. 무대 위의 요부처럼 소년과 남자보다 그의 걸음은 더 힘이 있었고, 그 걸음은 더 쾌활한 것처럼 보였지만 갑자기 그는 말했다. "나는 이전이 좋아보였어요. 그들이 나를 '검둥이'라고 부르기 이전이었어요."

오늘 루카스는 우울해 있다. 나는 그에게 일요일에 교회에 갔었는지 물어보았다. "나는 교회를 알지 못해요. 당신은 이전에 주일 학교에 갔었나요?", "나는 더 이상 교회에 가지 않아요, 그리고 나는 더 이상 학교에 가지 않아요. 그들이 나를 받아주려 하지 않았어요. 내가 흑인이기 때문이죠. 나는 왜 내가 여기 있는지 모르겠어요. 나는 여기 미국으로 오고 싶지 않았어요. 왜 그들은 나에게 일을 주지 않죠? 나는 아주 정상이에요!", "당신은 건강해지기 위해 여기 있는 거예요, 루카스."

"건강해지는 것은 의미가 없어요. 내가 아픈 지금, 나는 결코 다시 건강해지지 않을 거예요. 나는 건강해지고 싶지 않아요. 아무 것도 달라지지 않아요."

루카스는 거의 움직일 수 없었고, 그는 무섭게 경련을 일으켰다. 나는 그를 부드럽게 해주려 했지만 그는 간단히 긴장을 풀 수가 없었다. 오랜 시간 동안 나는 그의 옆을 따라 걸었다…

내가 검다는 것이 당신에게 아무 상관이 없다면, 그리고 그는 미소지었다. “내가 희고, 당신이 검다는 것은 아무런 의미도 없어요. 나는 당신을 좋아해요. 루카스 그리고 당신은 내 친구예요.”, “나는 당신이 내 친구라는 것이 좋아요. 그러나 당신은 또 다른 사람의 친구라는 것이 나를 불안하게 해요…”, “나는 또 다른 친구들을 가지고 있어요. 그것이 맞아요. 그러나 나는 당신도 내 친구라는 것이 기뻐요.” 루카스는 고향과 일을 갖고 싶어한다. 그는 나에게 모든 것을 감사했지만. 매우 슬퍼했다.

오늘 루카스는 나에게 이야기를 했다. “나는 거리에서 아름다운 부인과 만났어요. 우리는 함께 걸어갔어요. 그 다음 나는 그녀가 내 누이였다는 것을 알았어요. 그녀는 매우 아름다웠어요.” 나는 그에게 그 부인에 대해 더 말해달라고 부탁했다. “그녀는 꾸밈없는 태도의 아름다운 소녀였어요.”, “당신은 어떻게 그녀를 만났죠?”, “나는 그녀를 만나지 않았어요. 그녀가 나를 만났던 거예요.”, “당신은 어떻게 그녀가 당신 누이였는지를 알았어요?”, “그녀가 그것을 나에게 말해서 알았던 것은 아니었어요.”, “당신은 그녀를 사랑했나요?”, “예, 나는 그녀를 아주 사랑했어요. 그녀는 한 남자 또는 남자 친구를 가질 수 있다고 말했어요. 나는 집에 가고 싶어요. 나는 일을 갖고 싶어요. 당신이 내게 신경써서 알선해 주었던 일에 아주 감사해요.” 나중에 그는 내게 그 거리에서의 장면을 보여주었다. 그는 혼자 모든 역할을 했다. 자신, 꾸밈없는 태도의 소녀, 누이…

병원 사람들은 마침내 루카스의 머리를 잘라주었다. 그러나 그들은 루카스가 말했던 것처럼 그 머리 자르는 일을 마무리 짓지 않았다. 우리는 손발을 펴는 훈련과 손발을 늘어뜨리는 훈련을 했고, 이것을 그는 재미있어 하는 것처럼 보였다. 내가 그에게 북을 주었을 때 그는 웃었고, 다음과 같이 말했다. "나는 음악가가 아니에요. 나는 음악가 일 수 없어요." 그러나 내가 그에게 "아, 아니예요. 루카스, 사람들이 그것을 어떻게 하는지 당신은 아주 잘 알고 있어요!"라고 농담을 했을 때, 그는 이상한 리듬을 작곡해서 불렀다. 그다음 그는 갑자기 조용해졌고, 머리를 흔들고, 얼굴을 찡그리기 시작했다.

"무슨 일이야, 루카스?"라고 나는 물었다. "나는 머리 속에 많은 꿀벌들이 있어요. 나는 그것들이 어떻게 그곳에 들어가 있는지를 모르겠어요. 나는 그것들이 외국에서 왔다고 생각해요… 당신은 아름다운 여선생님이에요. 나도 여선생이 되기를 원했어요!" 루카스는 미국 우표를 그렸다. 북, 남, 동, 서를 그리는데 몰두했고, 이와 같이 방향을 정하려고 노력했다.

그가 다시 왔을 때, 나는 그에게 아리조나의 그림책을 주었는데 그 그림책에는 많은 아름다운 풍경화가 그려져 있었다. 그는 늘 그렇듯이 감동적인 마음으로 감사를 했다. "아주 감사해요. 이루 말로 표현할 수 없이 좋아요. 대단히 고마워요… 아주 감사해요… 메리 크리스마스!"

"나는 다섯 살 때까지 학교를 다녔어요. 나는 소녀였어요. 그 당시 나는 어머니와 아버지가 있었어요. 나의 아버지는 아름다운 한 벌의 옷을 샀어요. 그때가 내가 열여덟이나 스무 살쯤이었을 거예요. 내가 일요일에 교회에 갔을 때, 나는 부인복을 입었어요. 나는 소녀였어요. 지금 나는… 당신은 알죠… 일종의 남자나 소년", "루카스, 당신이 소녀였을 때 당신은 무엇을 어떻게 움직였는지 보여줄 수 있어요?", "나는 오른손으로 왼팔을 잡았어요. 그리고 이렇게 나는 걸어갔어요!" 그러면서 그는 걸어 돌아다녔고, 이리저리 춤추는 듯한 발걸음으로 걸었다. "루카스, 이제 당신은 남자예요. 지금은 당신이 어떻게 걷는지 보여줘요!" 그리고 루카스는 이전보다 남자다운 걸음으로 걸었다! 그 다음 나는 그것을 몸짓으로 시도했다. 한동안 그는 잘 따라서 했다. 그러나 내가 그에게 걸어와야 한다는 것을 움직임으로 보여줄 것을 그에게 요구했을 때, 그는 더 이상 어찌할 바 모른 채 편 손바닥만을 보여주었다. 그가 걷기 시작했을 때, 그는 말했다. "소년들은 모두 그 책을 봤어요. 그리고 그들은 당신이 아름다운 부인이라는 것을 알거예요. 나는 그것을 알아요. 나는 당신이 아주 즐겁게 지내고 건강하기 바래요. 메리 크리스마스!"

그는 사람과 동물 흉내를 내는 것을 재미있어 하는 것처럼 보였다. 그래서 나는 동물들이 물을 마시는 것 등과 같은 여러 가지 행동들을 몸짓으로 묘사하기 시작했다. "나는 술을 마실 때 항상 어지러워져요. 게다가 물도 나를 어지럽게 만들어요. 그리고 나무의 액도 마찬가지예요. 나는 그것들을 먹을 때면 어지러워져요.", "어지러우면 당신은 어떻게 걸어요?"하고 물으니, 그는 "늘 걷는 것처럼 걸어요!" 그 다음 잠시 쉰 후 "나는 탁월해요. 나는 아주 훌륭하다고 생각해요. 나는 정상이에요. 나는 지금 40살이에요. 60 더하기 40은 백이에요." "당신은 지금 40살이에요, 루카스?"라고 나는 물었다. "작년에 나는 39살이었어요. 나는 결코 애가 아니었어요. 나는 항상 혼자였고, 아버지도, 어머니도, 누이도, 형제도 없었어요. 나는 완전히 혼자였어요. 만일 가족들이 있고, 도시에 살았다면 좋았을까요… 당신은 내가 무엇을 말하는지 이해하겠어요?"

우리는 다시 몸짓으로 돌아갔다. 나는 무엇인가 잃어버린 것을 찾았고, 그에게 내 춤을 정의할 것을 부탁했다. 그의 해석은 다음과 같다. "당신은 수위가 그의 일을 잘 했는지 감독해요. 당신은 아름다운 마루를 가지고 있는 여선생이에요."

나는 다시 한 번 그 몸짓을 행했다. 나는 아침에 눈을 떴고, 기지개를 켰고, 손 · 얼굴 · 발을 씻는다. 루카스는 다음과 같이 묘사했다. "당신은 즐겁게 지내요. 당신은 친절한 사람들을 만나고, 그들에게 인사를 했어요."

이제 루카스 차례였다. 그는 큰 원안에서 걸어 다녔고, 깊이 몸을 구부렸다. 그는 다음과 같이 설명한다. "나는 큰 무대 위를 돌아다녔어요. 흥분되었어요." 나는 그가 손을 어떻게 씻는지 물어보았을 때, 그는 마치 깊은 물속에 팔을 담그고 파도를 일으키는 것처럼 팔을 움직였다. "나는 물속에 뱀이 있는지 봐요."라고 말했고, 그는 손을 서로 비비지 않고 씻었다. 얼굴을 씻기 위해 그는 얼굴을 물에 담갔다. 그러나 그는 결코 얼굴에 손을 대지 않았다. 그 다음 그는 적당히 움직이면서 다음과 같이 말했다. "지금 나는 하늘을 바라보고, 아름다운 구름들을 봐요. 아주 희고, 희생적이에요. 구름은 일요일에 오고, 그 다음에 그들은 사라져요. 그 다음 다시 오고… 희고, 푸르고, 담홍색이고… 그 다음 구름은 굴러가버려요." 그는 천천히 바닥을 기는 동안에 부드럽게 구르는 동작을 행했다. 그는 다시 위를 쳐다보았고, 눈으로는 구름을 바라보았다. "구름들은 남쪽에서 와요. 그러나 구름들은 남쪽으로 다시 굴러갈 수 없어요."

루카스는 그의 흥미로운 과거에 대해 또 다른 설명을 했다. "나는 하이에나… 젖소… 모래색의 개였어요. 개들의 우두머리였어요. 그리고 지금 그들은 내가 사람이라고 말해요. 내가 늑대였을 때 나는 물가에서 양을 만났어요. 양은 나에게 물을 마시게끔 해주었어요. 어리고 아름다운 양이었어요. 약 25살쯤이었고… 매우 정답고, 친절했어요. 늑대는 나만큼 컸어요. 큰 늑대였어요.", "그 다음 무슨 일이 일어났어요?"하고 물으니 "나는 헝겊 인형을 만들었어요. 그런 다음 나는 분쇄기를 만들어요… 또는, 또는, 또는… 오렌지주스… 아니, 토마토주스였어요. 내가 말했다. 당신이 헝겊인형을 그 즙 속에 담근다면, 그 인형은 살아날거고, 즙을 인형에 붓는다면 모든 헝겊 인형들은 살아날 거예요." 그는 멈추었다가 다시 말했다. "나는 누이가 있었어요. 나는 옷을 입었어요. 내 왼쪽 다리는 내 누이의 것이에요. 오른쪽 다리는 내 자신의 것이에요… 쵸코렛과 바닐라." 루카스가 말한 풍부한 소재는 환상적이다! 우리가 왜, 늑대와 양과 있던 장면을 연기하려 했는지 그에게 물었다. "아, 예, 나는 물이 필요해요. 나는 내 가족을 보호해야만 해요."

검은늑대

그 후, 나는 양이 되었고, 루카스는 늑대가 되었다. 나는 한 웅큼의 물을 길었고, 그 물을 그에게 내밀었다. 그는 내 앞에 무릎을 꿇었고, 행복하게 마셨다. 그의 목마름이 가셨을 때, 그는 뛰어오르고, 돌아다녔고, 우리는 두 마리 늑대처럼 이리저리 뛰어다녔다. 그의 움직임은 유쾌해 보였다. 마지막에 우리는 엎드렸고, "바다"로부터 물을 핥았다. 그런 다음 우리는 역할을 바꾸었고, 모든 것을 반복했다. 이제 내가 그의 손에서 물을 마신 후, 우리는 뛰어 돌아 다녔고, 새끼 양들처럼 주위를 날뛰며 돌아다녔으며, 다시 함께 물을 마셨다. 마지막으로 우리는 일어섰고, "우리 자신처럼" 함께 걸어갔다. 그리고 그의 걸음은 놀랍도록 달라졌다. 그의 걸음은 흔들리지 않고, 안정되어 있었으며, 그의 신체는 똑발랐다. 그는 동물의 자세와 사람 자세 간의 구별을 아주 명확히 이해했던 것 같았다.

흰 양

오늘 루카스는 풀이 죽어 있었다. 다시 그는 왜 여기로 와야 하고, 왜 내가 그에게 선물을 주었는지 물었다. 그는 춤출 것을 거절했다. 그러나 결국 그는 봉고북에서 리듬을 찾기 시작했다. 그러나 곧 그는 멈추었고, 그 북을 문지르기 시작했다. 나는 조심스럽게 그 시간을 진행시켜야 한다는 것을 깨달았다. 우리는 함께 그 공간을 떠돌았다. 마침내 그는 말하기 시작했다.

"당신은 나의 아이에요. 나는 많은 아이들을 갖고 있어요. 당신의 아이들은 어디 있죠? 그들이 우리 안에 있다는 것을 나는 알아요." 한동안 그는 말이 없었다. 한참 후 그는 말했다. "사람을 먹는다는 것은 아주 정상적인 일이에요 나는 사람을 먹는 것을 즐겨요." 그는 나를 미심쩍은 듯이 바라보았다. "나는 누가 나를 낳았는지 몰라요. 한 남자?"나는 말했다. "당신의 어머니가 당신을 낳았어요. 루카스. 그리고 그녀는 여자예요.", "아… 내 어머니."

"당신은 오늘 화가 난 것처럼 보이는군요, 루카스. 당신은 나에게 화를 내고 있는 거예요? 하고 물었다.

"당신에게 나는 결코 화를 낼 수 없어요. 결코. 오늘도 그리고 내일도 결코 당신에게 나는 결코 화를 내지 않아요, 그것은 내가 아주 현명한 인디언이기 때문이에요…" 그는 계속 말했다. "오, 오, 오… 나는 내가 일본사람이라고 생각해요. 나는 어떤 국적을 가지고 있지?", "루카스, 당신은 아메리카 흑인이에요.", "나는 사람을 먹어요." 그는 태연하게 반복해서 말했다. 그리고는 내가 이 새로운 설명을 어떻게 받아들이는지 보기 위해 내 눈을 똑바로 바라보았다.

시간이 끝나갈 때쯤 루카스는 안정되었고, 다시 미소를 지었다. 그는 내가 그에게 종이와 색연필을 사주기를 원했고, 그들에게 돈을 지불하라고 주장했다.

"당신 돈 같은 그런 돈을 그들은 갖고 있지 않아요." 그는 감사의 뜻을 표했고 내가 굉장한 부인이라는 것을 내게 확신시켜 주며, 걷고 있을 때 말했다.

"나는 지금 8반에 있어요."

"오늘 처음에 나는 노란회색이었고, 다음에는 초코렛빛 갈색이었고, 지금 나는 아주 까만 색이예요." 루카스는 생각했다. "언젠가 나는 흰색이었어요. 그리고 나는 다시 하얗게 될 것이라고 믿어요… 그들은 이것이 병원이라고 말해요. 나는 다시 하얗게 될 거예요." 처음으로 나는 검고, 흰 것에 대한 그의 생각을 인종간의 갈등과 결합시키지 않았다. 그가 말한 것은 건강(흰색)한 것과 아픈 것(검은색)에 대해 말했던 것처럼 보였다.

시간은 보통 때처럼 시작했다. 우리는 여러 가지 차원에서 활동했다. 바닥에서, 앉아서, 무릎을 꿇고, 마지막에는 서서, 그리고 가로질러 움직이는 것에서 훈련을 했다. 온종일 루카스는 조용히 그리고 충분히, 그가 행하고 있는 것에 몰두해 있었다. 우리가 헤어질 때 그는 나를 응시했고, 다음과 같이 말했다. "나는 지금 어른이 될 거라고 믿어요. 어른이 되는데 6달이 걸렸어요." 우리는 서로 미소를 지었다. 그는 문을 나섰다. 루카스와 나는 꼭 6달을 함께 활동했었다.

산을 넘어서
흑인도 우리와 같은 사람

루카스가 만들었던 시간과 날짜는 순전히 우연일 수 있었다. "어른이 된 것." 같은 감정은 진전이 있는 것으로 우리 훈련의 여러 가지 공간적인 차원에서 나올 수 있었다. 그는 그것을 결코 정확히 알 수 없을 것이다. 그러나 이 반년 동안 우리의 보편적인 연구에 대한 그의 반응은 잘 진전되었고, 그 결과 그를 내 집단으로 받아들일 때가 되었다.

처음 두 달은 퇴행하는 것으로 나타났다. 내가 그의 변화에 관해 이야기 했을지라도 그는 아마 속는 것으로 느꼈을 것이다. 그는 나를 다른 사람과 공유하고 싶어하지 않았고, 완전히 그에게만 주목할 것을 요구했다는 것이 확실했다. 그는 질투를 했고, 분노를 나타냈고, 결국 함께 하는 것을 거부했다. 그는 단지 그곳에 앉아만 있었고, 앉아서 그의 검은 눈으로 내 모든 움직임을 좇았다. 그는 내 이름을 말하지 않았고, 한번도 "오, 오"라고 말하지 않았다. 경직된 채 그곳에 앉아 있었고, 말이 없었다. 양보하려 했고, 그는 다시 우리의 개인시간으로 돌아가기를 원했다.

그 후 루카스는 갑자기 앞으로 큰 걸음을 내딛었다.

아침에 그는 참여자들에게 뽈 모양으로 인사를 했다. 며칠 후 그가 몸을 구부리는 모양은 완전히 나를 향한 것이 분명했다.

그런 다음… 어느 날…

우리는 모두 바닥에 앉았다. 우리는 어떤 동작과 동작들의 순서를 생각해야 했고, 그 동작을 집단 앞에서 행해야 했다. 집단 사람들은 가능한한 일어난 차례를 해보아야만 했다. 다음은 루카스 차례였다. 주저하지 않고 그는 일어섰고, 이미 알려져 있는 그의 강박행위를 실행했다. 마치 그는 말없는 자만심을 가지고 이런 능숙한 움직임을 행하는 것처럼 보였다. 참가자들이 그의 몸짓을 흉내내보려 했을 때, 그는 비판적으로 눈여겨보았고, 그들을 고쳐주기 시작했다. 그는 끈기 있게 그 동작들이 어떻게 실행되어야 하는지를 각자에게 보여주었다. 뿔 모양은 정확히 그려야 하고, 깊이, 그러나 너무 깊지 않게, 정확히 목에서 움직이고, 머리를 매우 부드럽게 쓰다듬고, 그는 그의 기술에 대한 장인이었고, 그의 학생들은 그에게서 배우려고 애썼다. 그 시간 이후 나에게 루카스는 "메리 크리스마스!"하고 말했다.

이날부터 그는 더 많이 그 집단에 참여를 했고, 말하기 시작했다. 그는 나를 이름으로 불렀다.

그는 다른 사람과 함께 웃을 수 있었고, 소피와 손을 잡고 뛰어 다닐 수 있었고, 경주를 할 때 개, 카알을 쫓아 잡을 수 있었다.

어느 날 그는 다른 흑인을 스튜디오에 데리고 왔다. "트루디, 내 친구 잭이예요. 당신만 좋다면 그도 춤을 추고 싶어해요. 또는 또는 또는" 의심의 여지가 없었다. 루카스는 완전히 그 집단의 일원이 되어 있었다. 다른 여섯 달을 철저히 그 집단에서 함께 활동했다.

내가 몇 달 후 병원에서의 일을 그만둘 것을 알았을 때, 루카스와 다시 활동할 것을 결심했다. 이 시간이 끝날 때 나는 몇 마디 마지막 기록을 했다. 루카스는 이미 오래 전부터 그가 낫는 것이 나에게 희망을 준다는 소견을 진술했던 것처럼 보였다.

"처음에 나는 노란회색이었고, 다음에는 초코렛빛 갈색이었고, 지금 나는 아주 검은색이에요. 그들은 여기를 병원이라고 말해요.… 나는 다시 하얘져요."

지금 루카스는 그가 병원에 있다는 것을 알고 있다. "모든 것이 여기서는 위생적이에요. 나도 위생적일 거예요. 당신과 모든 사람들처럼 그렇게. 나는 정상이에요. 또는 또는 또는… 아마도 나

나는 얼룩말이었다.…
– 검은 늑대 –

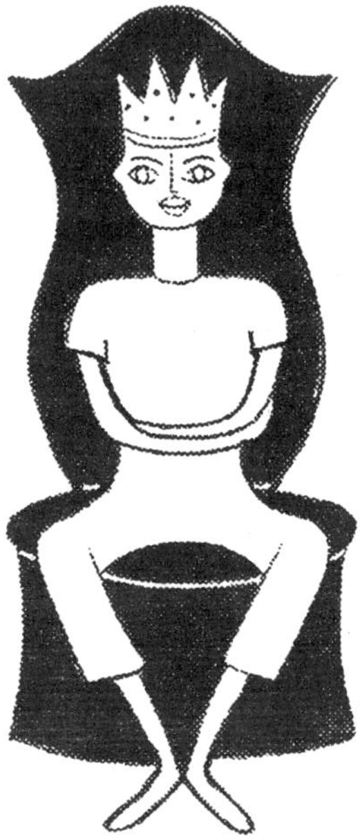

신문…
백인왕

에게는 무엇인가 정상이 아닌 것이 있을 거에요. 그러나 그들은 이 병원에서 내가 충분히 열심히 한다면 다시 건강해질거라고 말해요."

그가 검다는 것을 받아들이는 것은 혼란의 정글을 가로지른 길을 닦는 것임에 틀림없었다.

"당신은 백인이에요. 나를 건드리지 말아요… 당신을 자극할거예요, 나는 불쾌해요, 나는 이전에는 좋아 보였어요. 그들이 나를 '검둥이' 라고 부르기 전에는 말예요. 나는 내 삶을 백인들을 위해 바치게 될 거예요. 그들은 나를 이전에는 '백인' 이나 '왕' 이라고 불렀어요. 그들은 내가 갈색이었기 때문에 나를 원하지 않았어요."

그런 다음 그곳에는 흑-백을 상징하는 것들이 있었다. 얼룩말. 검은 늑대 흰 양 우리가 활동을 다시 계속했을 때. 루카스는 흑-백에 사로 잡혀 있는 것처럼 보였다. 그가 이전에 사랑스럽게 정확히 기술했던 등급이 갖는 모든 다른 색들은 그의 환상으로부터 사라졌다. 그는 눈과 그을음에 대해 흰색의 독수리와 검은색의 매에 대해 말했다. 그는 자기 주머니의 쥐, 도미노 놀이의 말, 신문이었다고 말했다.

결국, 루카스는 갑자기 피부색에 개의치 않았다. "내 어머니는 초코렛빛 갈색이에요. 내 아버지는 아프리카 사람이었어요. 아주 검었죠. 나도 검은 색이었어요. 검다는 것은 아무 것도 나쁘지 않아요."

이것은 내가 이 주제에 대해 들었던 최후의 말이었다. 루카스는 이제 그가 검은색이었고 이런 변하지 않는 사실을 받아들일 수 있었다.

그의 신체상의 회복이 어떻게 정신적인 단계에 도움을 주는지 관찰하는 것은 매혹적인 일이었다. 그는 지금 그의 신체의 모든 부분을 알고 있고, 그 모든 부분에 접촉을 했고, 그 부분들을 개별적으로 움직일 수 있었다. 그는 무엇이 앞이고, 무엇이 뒤인지, 오른쪽이고 왼쪽인지를 알았다. 그는 긴장이 완화되었고, 호흡은 더 균형이 잡혔고, 자세는 철저히 변화했다. 그는 사람은 똑바로 걷고 얼룩말은 네 발로 달린다는 것을 알았다. 그는 사람인 것을 기뻐하며 움직였다.

루카스는 그의 감정을 말로 그리고 움직임으로 표현하는 것을 배웠다. 행동들은 더 이상 그가 말하는 것을 방해하지 않고, 말하는 것이 그의 행동들을 더 이상 침해하지 않았다. 그는 더 이상 강박적으로 움직이지 않으며 백인 앞에서 더 이상 몸을 굽히지 않았고, 신발의식을 하지 않았다. 하마터면 루카스가 만든 환상적인 작품을 나는 놓칠 뻔 했었다.

루카스는 남자를 여자와 구별할 수 있었고, 그가 남자라는 것을 안다. 그가 때때로 역발상의 사고를 하는 것으로 되돌아간다면 그는 이전의 익숙한 움직임 중 몇 가지를 신체적으로 다시 행한다. "백인의 걸음"을 그 자신의 "흑인의 형식과 리듬"에 어떻게 결합시키는지.

또한 루카스의 그림 역시 표현하는 것이 극적으로 변화되었다. 처음에 그가 그린 집들은 얼마나 외로워 보였는가, 모든 살아있는 것으로부터 얼마나 멀리 떨어져 있었던가! 그 다음 그가 나무를 덧붙여 그렸을 때 가지 없는 나무들이 얼마나 위축되고 의지할 데 없이 곤궁해 보였는가, 이 집들에 살았던 사람들이 어디에 있는지 내가 물었을 때 그는 어떤 변명을 했는가, 그들은 자고 있거나, 그들은 휴가 중이었다. 또는 지하실이나 뒷 정원에 있다고, 그 풍경은 얼마나 단조로웠는가 그리고 기호, 숫자, 십자가, 의문부호는 얼마나 위협적이었던가, 그리고 태양은 항상 하나의 별과 함께 있었다. 낮과 밤, 밝음과 어두움, 검은색과 흰색?

루카스가 나에게 우리의 일상적인 활동이 끝날 무렵에 기차를 그린 그림을 보여주었을 때, 그 스스로 기관차 운전석에 있었고, 그의 차는 높이 위쪽으로 산위로 이어진 레일 위를 달리고 있었다. 그 그림에서 루카스는 산 위의 길에 있었고, 그는 다른 편으로 잘 도착할 수 있을 것이라는 사실을 확신했다!

나는 루카스가 집중적인 심리분석치료의 장점을 누릴 수 있기를 매우 바랬다. 나는 그가 문제를 말로 표현할 준비가 되어 있다는 것을 확신했다. 이것이 그 당시에는 결코 가능하지 않았다는 것이 얼마나 유감스러운가? 그러나 그는 다른 장점을 누렸었다.

내가 두 달 후 병원을 방문했을 때 루카스는 병세가 호전된 환자들이 있는 숙소로 옮겨져 있었다. 이곳의 그와 같이 있는 환자들은 현실에 더 접근해 있었다. 사람들은 그를 작업치료 프로그램으로 완전하게 했다. 그는 빵을 굽는데서 재능을 보여주었고 이제 병원의 빵제조업자 중 한 사람이 되었다. 루카스는 인사하기 위해 나에게 손을 내밀었다. 그리고 나에게 일한 성과를 보여주기 위해 나를 병원 빵집으로 데리고 갔다. 80덩이의 빵, 갈색이고 맛있어 보였으며 단정하게 정리되어 나란히 놓여 있었다. 모든 것이 정확히 서쪽으로 향해 있다. 그는 빵을 놓을 때 진지하게 그의 신발에 기울였던 것과 동일한 주의를 기울였다는 것이 분명했다. 단지 지금은 모든 것이 목적이 있었고 시간낭비를 적게 했다. 실제로 빵을 완성한 것처럼 보였고 빵들 옆에 서서 얼룩 없는 흰색 옷을 입고 활짝 웃고 있는 루카스처럼 당당하게 보였다.

약 석 달 후 나는 다시 방문하기 위해 병원에 왔다. 그러나 루카스는 더 이상 그곳에 없었다. 케르뮤쉘 박사는 좋은 소식을 전했다. 루카스는 2주전에 병원을 떠나게 되었고, 지금은 도시에 있는 빵집에서 일하고 있다고.

루카스, 당신은 지금, 있고 싶어하는 곳에서 일과 콧수염 그리고 가족이 있는 고향을 갖기를 나는 바래요. 내가 무엇을 말하는지 당신은 이해하죠?

즐거운 아주 즐거운 크리스마스가 되길! -

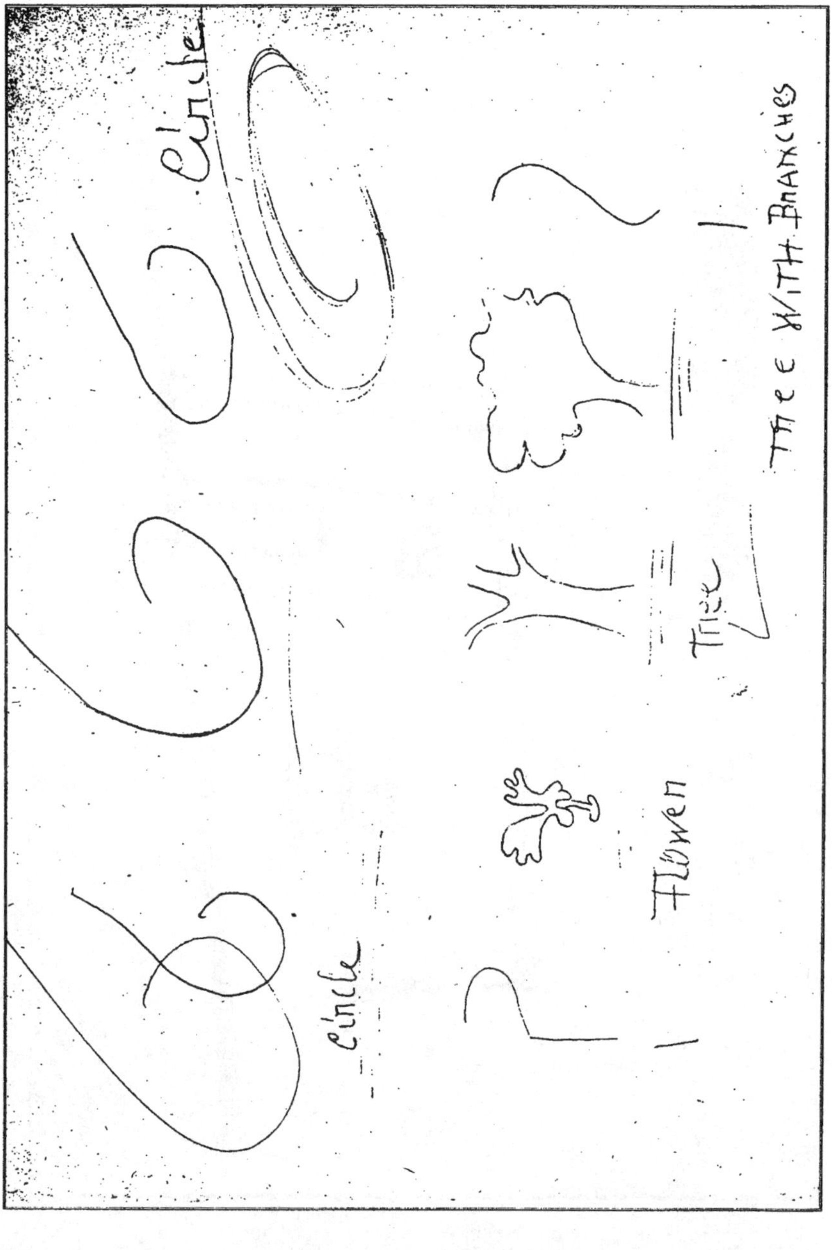
circle
circle
Flower
Tree
Tree With Branches

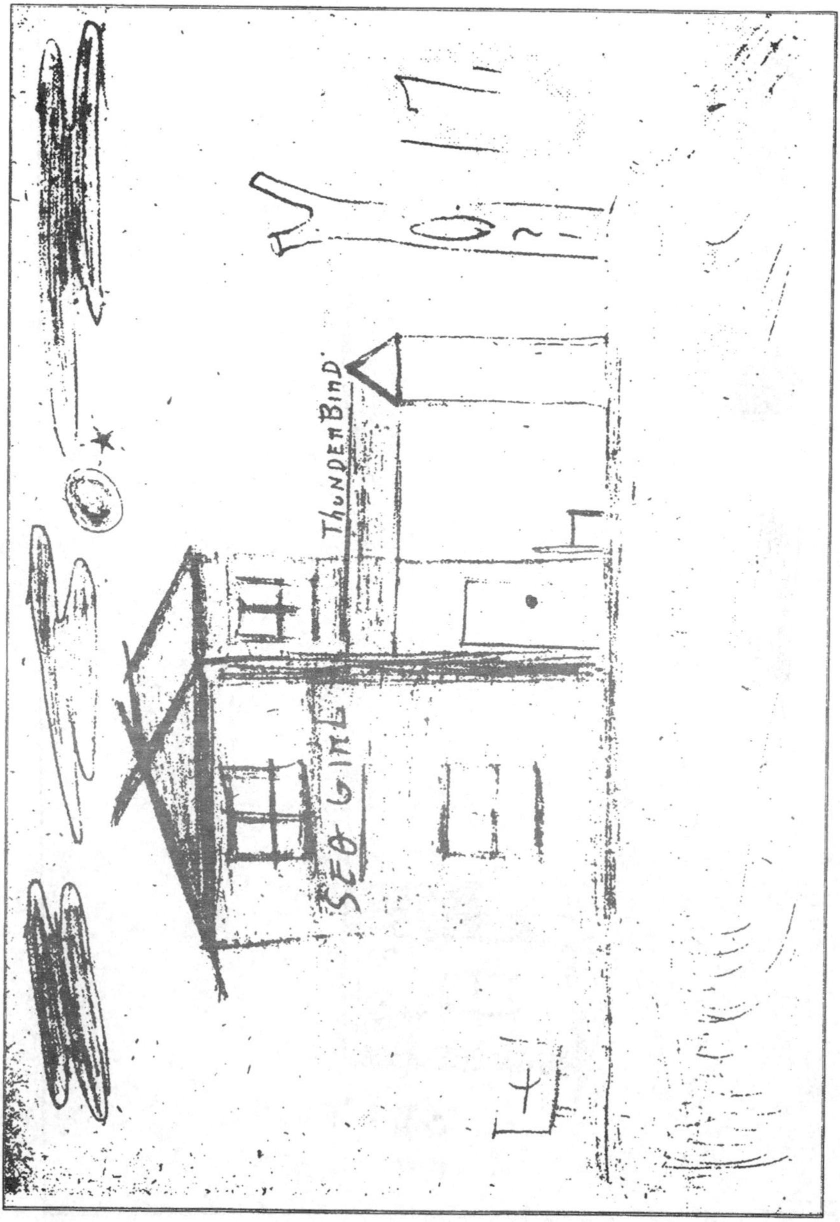
ThunDErBirD
SEO GIRL

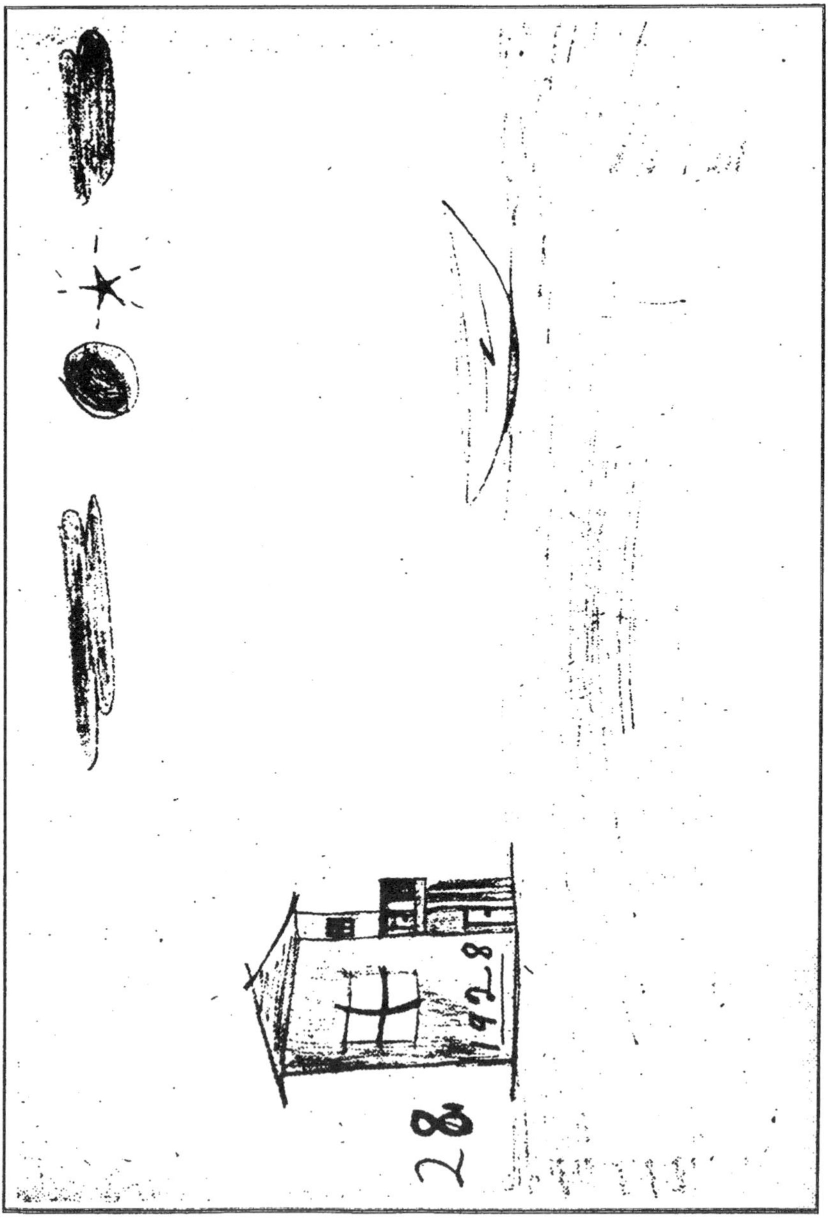

EL PASO

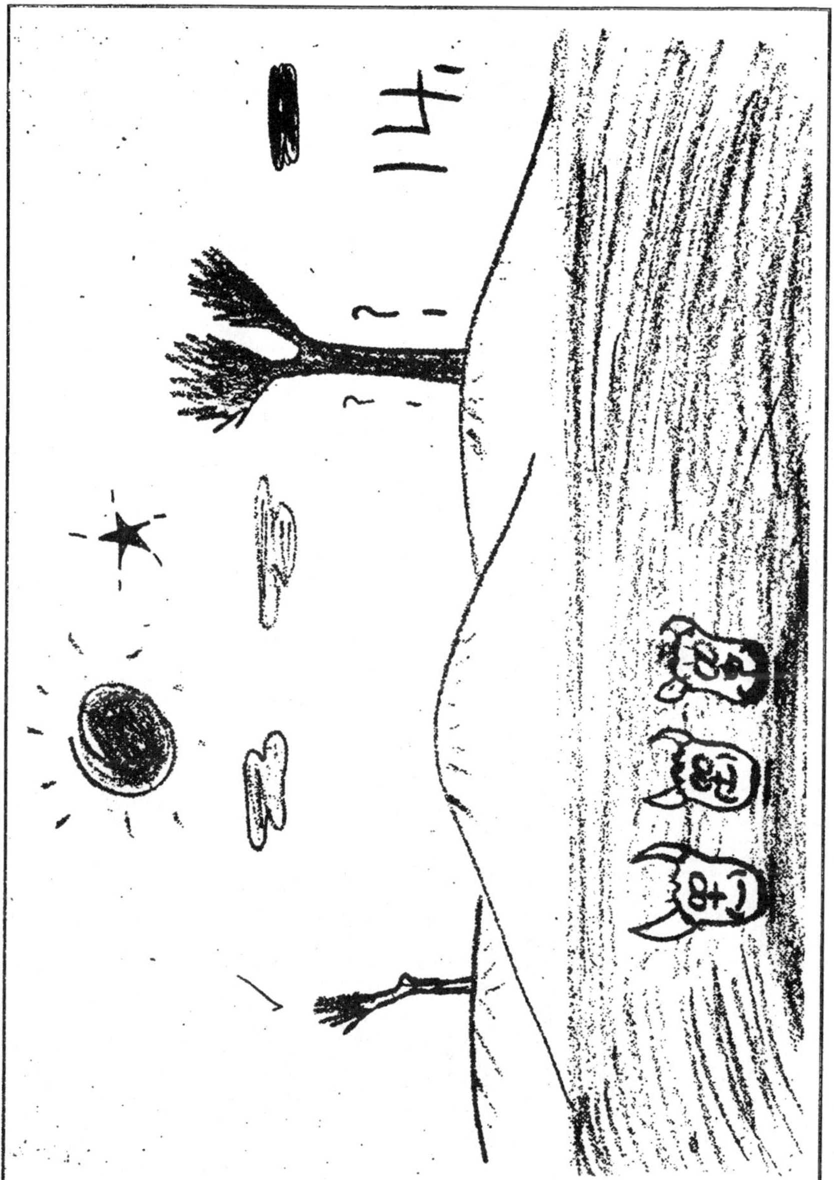

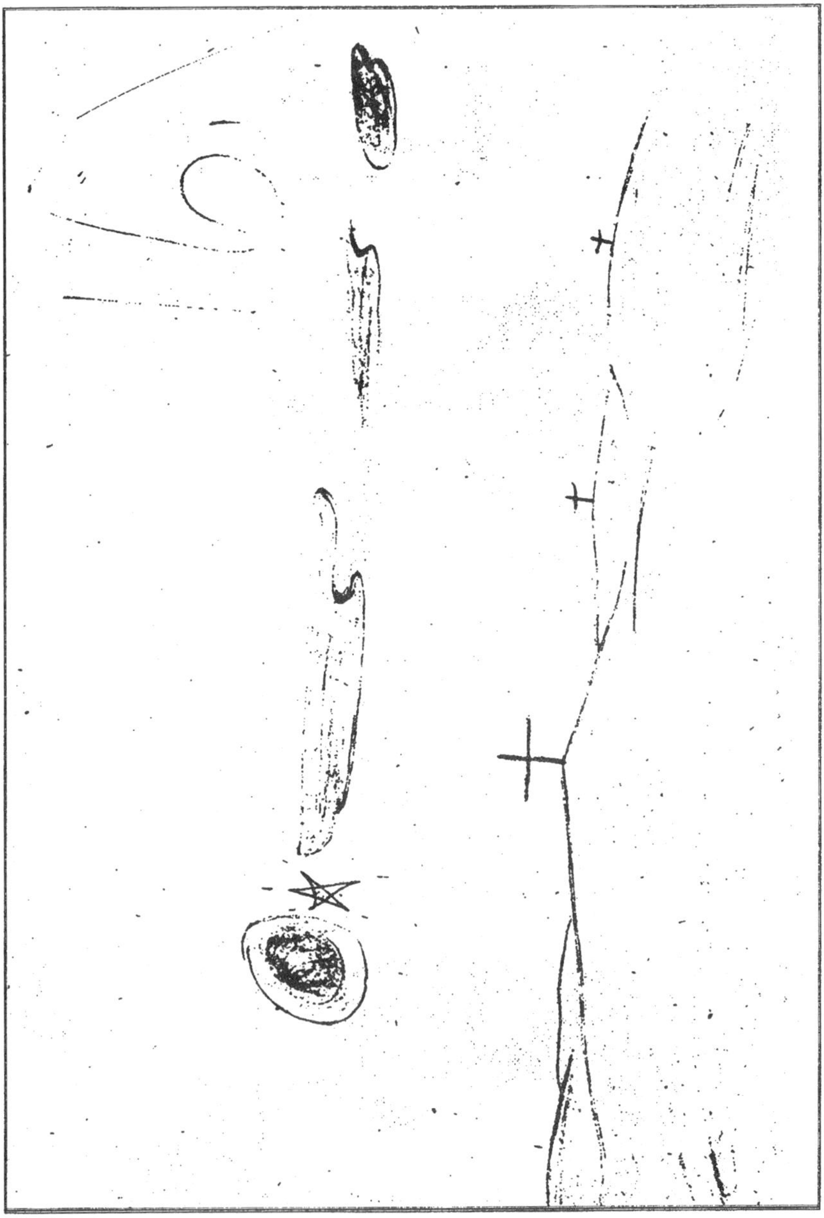

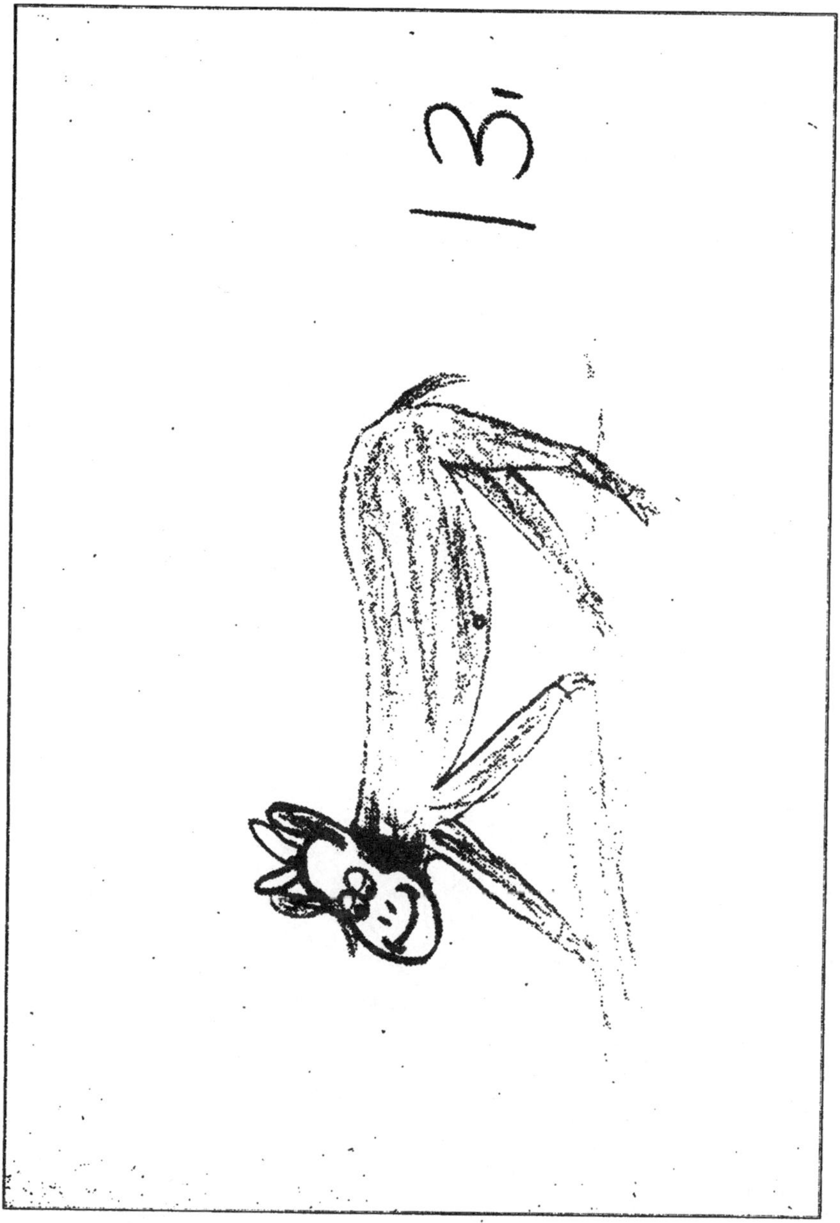

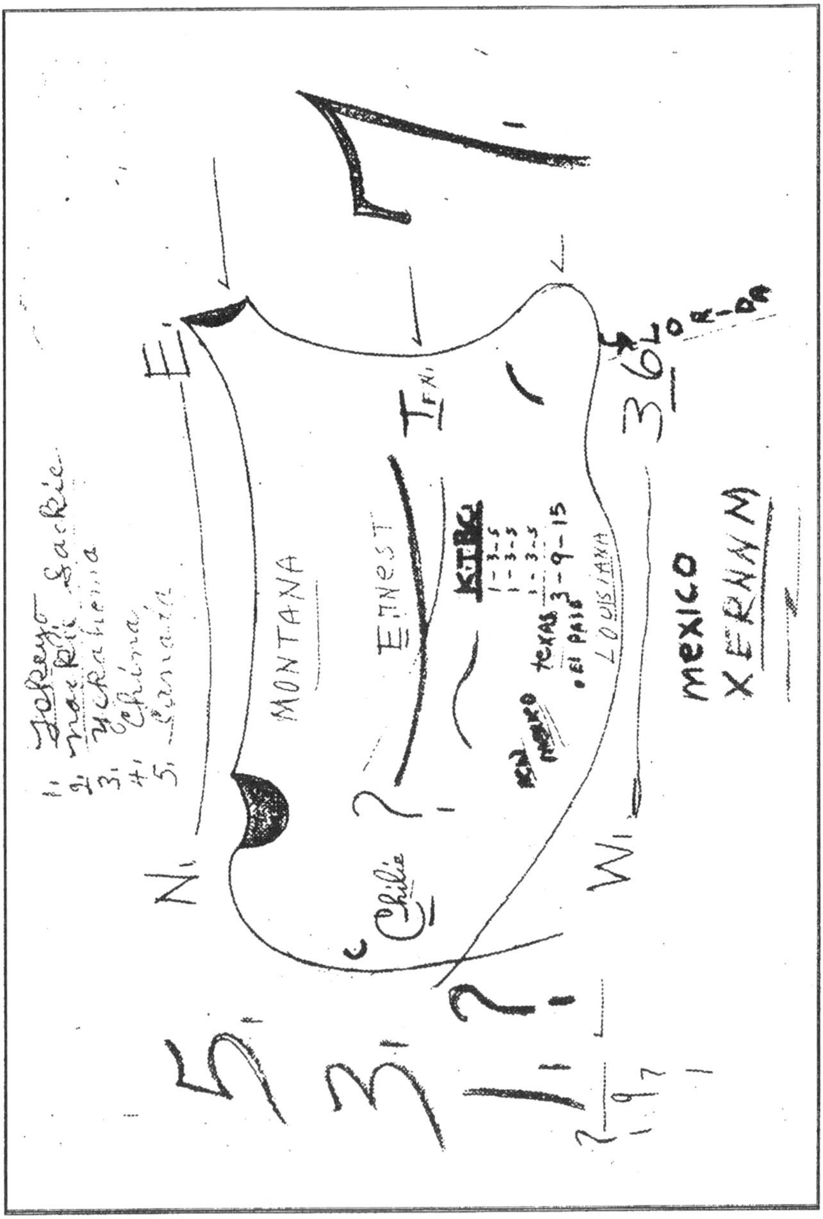
MONTANA
ERNEST
KTBC
TEXAS
LOUISIANA
MEXICO
Chilie

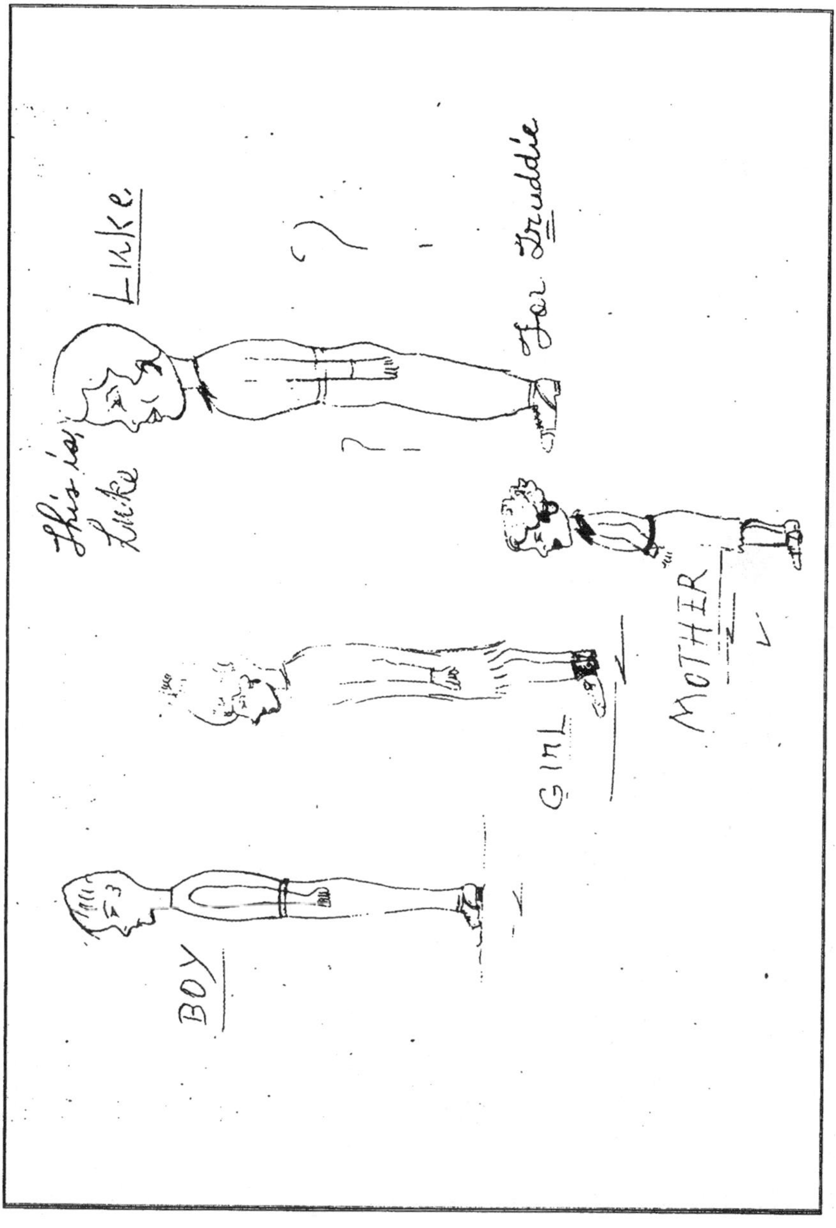
This is Luke
Luke
For Freddie
BOY
GIRL
MOTHER

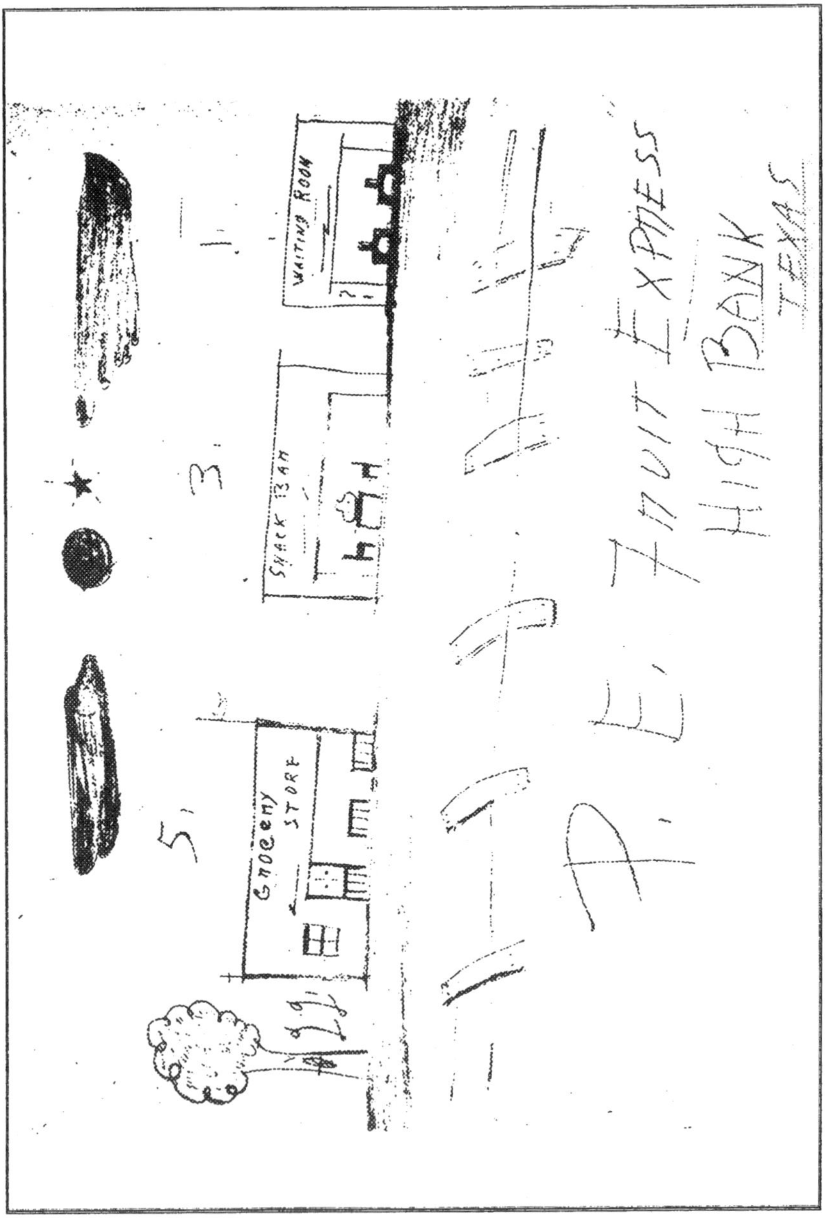
WAITING ROOM
SNACK BAR
GROCERY STORE
INUIT EXPRESS
HIGH BANK
TEXAS

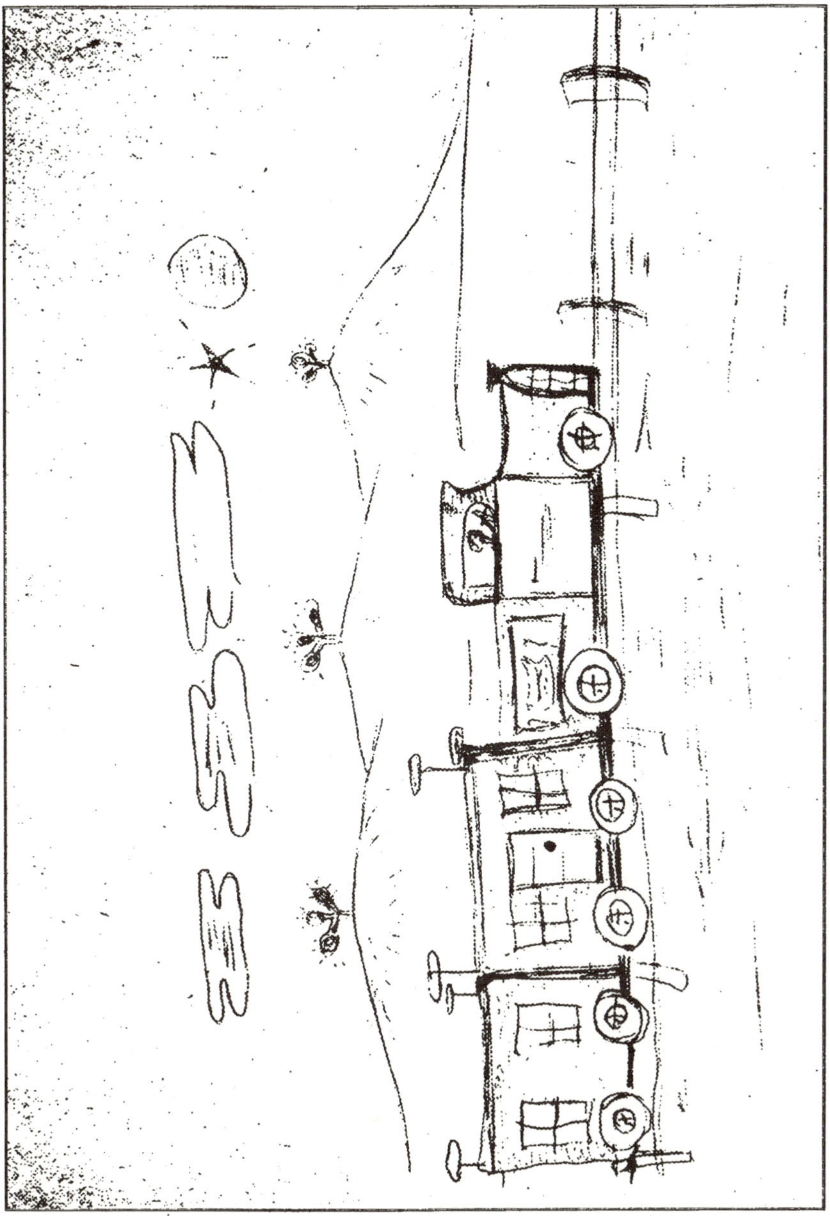

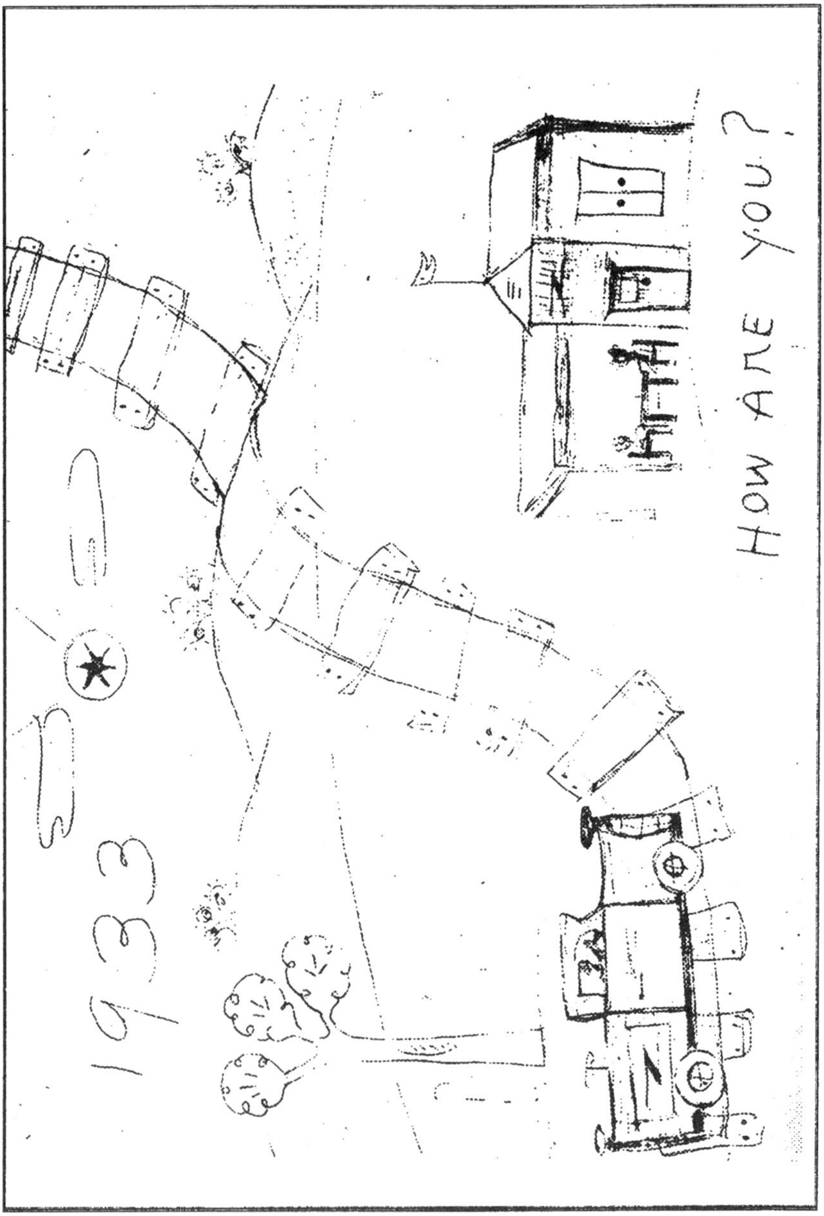
HOW ARE YOU?
1933

역자약력

■ **류 분 순**

이화여대 석사, 한국체대 이학박사, 홍익대학 상담심리학 교육학 박사.

1994년 한국 무용치료학회를 창립한 무용치료 선구자로서 미국 공인 무용치료 전문가 교수자격자 'ADTR' (2000-ADTR-867.)이며 상담심리학자이다.

1991년 국립 서울 정신병원에서 정신과 환자 무용치료를 해왔으며 수많은 언론 매체에 무용치료를 소개하고, 중앙대학원, 숙명 대학원, 한양대학원, 경희대학원, 상명대학원, 동덕대학원 등에서 무용치료를 강의하였다.

2000년 한국에서 처음으로 표현예술치료학 석 · 박사 과정을 서울여대에서 설계하고 석 · 박사 지도교수, 논문지도, 임상감독을 하여 전문 치료사들을 배출하였고, 인제대 의대 정신과 외래교수, 미국 무용치료학회 국제위원, 일본 무용치료학회, 세계 표현 정신 병리학회, 유럽 학회 등 국내외 상담학회, 정신간호, 사회복지, 교육단체 등에서 워크샵과 세미나를 400여회 이상 주관하였다.

현재, 문화예술 진흥원, 여성가족부, 서울시 프로젝트로 사회부적응 청소년 D/MT, 정신지체 아동청소년 D/MT, 노인-아동 멘토링 D/MT 등을 수행하였으며, 정신과 환자, 성폭력 피해자, 정서장애아의 치료와 전문 무용치료사 과정 교육을 하고 있다.

사단법인 한국 무용치료협회 이사장, 한국 임상 예술학회 부회장, ATA 한국 예술심리 치료원 원장, 순천향 대학원 심리 치료학과 교수이다.

■ **저서**

「무용치료입문」, 「창의성 개발을 위한 무용교육의 실제」
「마음치료의 열쇠-춤. 동작치료」, 「몸과 몸짓문화의 리얼리티」
「무용. 동작 치료사를 위한 행동진단 및 평가 지침서」

■ **논문**

「무용동작 심리치료가 성폭력피해 청소년의 외상후 스트레스, 뇌파 및 자아정체감에 미치는 효과」
「무용/동작치료가 만성정신장애자의 불안과 대인관계에 미치는 효과」
「무용치료사 과정 교수 모델 연구」, 「약물 중독자를 위한 무용치료 연구」
「무용. 동작치료가 성폭력피해 청소년들의 자아정체성과 자존감 향상에 미치는 효과」
외 수십 편

Won't you join the Dance?
춤동작을 통한 마음치료

초판인쇄일	2009년 6월 10일
초판발행일	2009년 6월 20일
저　　자	트루디 숖
역　　자	류분순
펴 낸 이	오무근
펴 낸 곳	도서출판 **하나의학사**
출판등록	1988년 4월 1일 제 2-541호
주　　소	서울시 종로구 홍파동 13-4
전　　화	02) 730-2555, 2556
팩　　스	02) 730-2557

정가 17,000원

저자와 합의로 인지 생략
ISBN 978-89-92141-41-3-12330
※ 잘못된 책은 구입처에서 교환해 드립니다.